머니 플래너

**돈 걱정 없는
행복한 미래 만들기**

THE F.I.R.E. PLANNER: A Step-by-Step Workbook to Reach Your Full Financial Potential by Michael Quan

Copyright © 2021 by Quarto Publishing PLC

All rights reserved. This Korean edition was published by TiumBooks in 2025 by arrangement with Quarto Publishing Group through KCC(Korea Copyright Center Inc.), Seoul.

이 책은 (주)한국저작권센터(KCC)를 통한 저작권자와의 독점계약으로 틔움출판에서 출간되었습니다. 저작권법에 의해 한국 내에서 보호를 받는 저작물이므로 무단 전재와 복제를 금합니다.

머니 플래너, 돈 걱정 없는 행복한 미래 만들기

지은이 　　마이클 콴
옮긴이 　　김필현

이 책의 디자인은 노영현, 편집과 교정은 장현정,
출력과 인쇄 및 제본은 효성프린팩 신학철, 종이는 다올페이퍼 여승훈이
진행했습니다. 이 책의 성공적인 발행을 위해 애써주신
다른 모든 분들께도 감사드립니다. 틔움출판의 발행인은 장인형입니다.

초판 1쇄 인쇄 2025년 6월 5일
초판 1쇄 발행 2025년 6월 19일

펴낸 곳	틔움출판
출판등록	출판등록 제395-251002009000057호
주소	경기도 고양시 덕양구 청초로 66 덕은리버워크 A-2003
전화	02-6409-9585
팩스	0505-508-0248
홈페이지	www.tiumbooks.com

ISBN　　979-11-91528-29-9 03320

잘못된 책은 구입한 곳에서 바꾸실 수 있습니다.

머니 플래너

돈 걱정 없는
행복한 미래 만들기

완전한 경제적 자유와 조기 은퇴(FIRE)를 위한 단계별 워크북

마이클 콴 지음 | 김필현 옮김

티움

차례

작가의 글 *6*
이 플래너를 가이드로 삼는 방법 *8*

1장 파이어 소개

파이어란 무엇인가? *12*
왜 파이어를 추구해야 하는가? *18*
누가 파이어를 성취할 수 있는가? *22*
시작하기 가장 좋은 때는 언제인가? *27*

2장 파이어 사고방식

돈에 대한 신념 *34*
행동 조정하기 *44*

3장 자신의 파이어 숫자

자신의 숫자를 아는 것이 중요하다 *48*
부채 *52*
현금 흐름 *56*
순자산 *60*
새로운 기술을 이용해 시간과 돈을 절약한다 *62*
새로운 기술을 이용해 파이어 숫자를 추적하는 방법 *64*
파이어 공식 *66*
경제적 자립의 정의 *68*

4장 파이어를 달성하는 방법

경제적 자립에 집중하기 **74**
복리 **76**
새로운 습관 만들기 **78**
파이어를 위한 저축 **80**
파이어를 위한 투자 **96**
파이어를 위한 부동산 투자 **108**
파이어를 위한 기업가 정신 발휘 **120**

5장 자신의 파이어 계획 설계하기

시작하기 **136**
목표 만들기 **138**
파이어 전략의 개요 작성하기 **150**
파이어 이정표: 타임라인 **152**
적극적으로 행동하기 **155**
성과를 평가하고, 조정하며, 달성하기 **158**
원하는 결과 달성하기 **160**

6장 파이어 달성 후 할 일

축하하기! **166**
조기 은퇴 **168**
파이어 이후 **175**

용어 해설 **186**
역자의 글 **188**
찾아보기 **190**

일러두기
- 일부 투자 방법 및 세금과 관련된 내용은 한국 실정에 맞는 것으로 대체했습니다.
- 가독성을 높이기 위해 역자 주석 및 설명을 번역 원고 본문에 포함했고, 화폐 단위는 원화로 바꿔 숫자와 붙여 썼습니다.

작가의 글

안녕하세요. 마이클 콴입니다. 이 책의 독자가 된 것을 환영합니다.

저는 어렸을 적부터 줄곧 돈에 관심이 많았습니다. 자수성가로 부자가 된 삼촌 두 분을 지켜보는 드문 기회가 있었고, 그들은 제 부모님이나 친구들 부모님과 달리 출근을 하지 않았습니다. 저는 그 사실이 항상 신기했습니다.

삼촌들은 자신의 자녀들을 학교에 데려다주고 데려왔으며, 취미와 모험적 사업에 빠져 있었고, 언제든 원할 때 휴가를 다녀왔습니다. "우와. 나도 커서 저렇게 살고 싶어"라고 부러워했던 기억이 납니다. 그때는 몰랐으나 그들은 이미 경제적 자립(FI, financial independence)을 달성한 상태였고 돈이 그들을 대신해 열심히 일하고 있었던 겁니다.

이렇게 경제적 자립이 가능하다는 사실을 깨달은 것은 나만이 누린 '불공평한 혜택'과 같았습니다. "삼촌들도 했는데 나라고 왜 못하겠어?"라고 생각했죠. 그것이 저의 목표가 되었습니다. 재무와 자기계발 책을 백 권 넘게 읽었고, 수십 개의 세미나에 참석했으며, 성공에 필요한 최고의 전략을 배우기 위해 많은 돈을 썼습니다.

25살이 되는 해, 저는 친구 몇 명과 IT 관련 회사를 설립했습니다. 시작은 초라했지만 10년 동안 수익성 높은 회사로 키웠습니다. 우리는 회사를 매각했고, 이를 통해 저는 지분 일부를 현금화할 수 있었으며, 그 돈을 다시 부동산에 투자했습니다.

회사 매각 후 또다시 18개월 동안 새로운 회사에서 일했지만, 오전 9시부터 오후 5시까지의 직장 일이 제게 맞지 않음을 깨달았습니다. 아내와 함께 재산 현황을 살펴보고는, 우리가 상당한 자산을 모았다는 사실을 알았습니다. 몇 년 동안 공격적인 저축과 투자 덕분에 경제적 자립 혹은 그에 근접한 상태에 이르렀던 겁니다. 이 사실이 명확해지자 저는 36세에 서둘러 조기 은퇴를 결심했습니다.

파이어(FIRE, financial indepedence and retire early – 경제적 자립과 조기 은퇴)를 달성함으로써 저의 모든 꿈, 아니 그 이상을 이뤘습니다. 매일 가족과 온전히 함께하고, 좋아하는 취미활동, 사업, 심지어 해외 낚시 여행에 열중하는 완전한 자유가 생겼습니다.

자랑하기 위해 저의 과거를 공개하는 것은 아닙니다. 누구나 파이어를 달성할 수 있다는 사실을 여러분에게 보여드리기 위해서입니다. 제가 해낼 수 있었기에, 여러분도 할 수 있다는 말을 하고 싶어서입니다.

앞서 제가 불공평한 혜택을 입었다고 했습니다. 지금 그 혜택을 여러분과 나누고자 합니다. 우리가 알아야 할 모든 것이 이 책에 있습니다. 파이어 달성을 위한 모든 단계를 하나하나 충실하게 설명했습니다. 제가 처음부터 이 책을 접할 수 있었다면 더 좋았겠다고 생각할 정도입니다.

이제, 파이어를 향한 여정을 이 책과 함께 하기 바랍니다.

"인생은
꽤나 빨리 지나간다.
이따금 멈추어 서서
주위를 둘러보지 않으면
그것을 놓치기도 한다."

페리스 부엘러
『페리스 부엘러의 데이오프 Ferris Bueller's Day Off』

이 책을 가이드로 삼는 방법

머니 플래너에 온 것을 환영한다.

이 대화형 플래너는 파이어(경제적 자립과 조기 은퇴)를 향한 여정의 모든 단계를 교육하고 안내하도록 설계되었다.

플래너는 6개 섹션으로 구성되어 있다.

1장: 파이어 소개
2장: 파이어 사고방식
3장: 자신의 파이어 숫자
4장: 파이어를 달성하는 방법
5장: 자신의 파이어 계획 설계하기
6장: 파이어 달성 후 할 일

이 책에는 파이어 여정의 모든 단계마다 독자를 위한 유익한 내용이 담겨 있다.

당신이 초보자라면, 멋진 파이어의 세계에 온 것을 환영한다! 시간을 갖고 열린 마음으로 탐색해 보기 바란다. 낯선 전문 용어가 있겠지만 개념은 가능한 한 알기 쉽게 설명했다. 혼란스럽다면, 오히려 반가운 일이다. 그것은 곧 배움을 의미한다. 참조가 필요한 경우를 대비해 186페이지에 용어 해설도 마련했다.

이미 파이어를 향한 여정을 시작한 사람이라면, 이 책은 추가 지침이 될 수 있다. 어쩌면 특정 단계를 이미 지났거나, 특별한 대안을 찾고 있는 사람일 수도 있다. 그렇다면 새로운 아이디어와 지난한 여정을 위한 긍정적 사고방식(파이어 사고방식 33~45쪽 참조)을 탐구하는 것도 좋다.

하지만 여기서 다루는 모든 주제는 대부분 미묘하고 복잡한 측면이 있어서 그것을 전부 세세히 논의하는 데는 한계가 있다. 또한 파이어를 향한 여정에는 탐색할 가치가 있는 매력적인 샛길이 아주 많다. 따로 시간을 내어 더 깊이 공부하면서 특정 전략이나 개념에 관한 이해를 높이는 것이 바람직하다.

이 책 곳곳에는 다음과 같은 대화형 메뉴가 있다.

- 워크시트/저널
- 사례 연구
- 파이어 팁
- 알고 있었나?

학습은 수동적 활동이 아니다. 독서로 시작해서, 펜을 들고 책에 직접 적어 나가다 보면 자신의 의도를 명확하게 알 수 있다. 이 책을 대화형으로 설계한 이유이기도 하다. 이를 적극적으로 활용하여 경제적 자립의 기회를 잡기 바란다.

지금 바로 시작한다. 다음의 내용을 직접 작성한다. 자신의 이름 그리고 지금 현재 날짜와 요일을 적는다.

이 책을 선택한 이유를 적는다. 똑같이 반복되는 일상에 지쳤는가? 아니면 자신도 파이어를 할 수 있다는 가능성을 보았는가?

이 여정은 혼자서도 할 수 있지만 다른 사람과 함께하는 것이 더 재미있다. 서로 의지할 수 있는 동반자와 함께 파이어 여정에 나서기를 권한다. 동반자와 아이디어를 주고받으며 새로운 관점을 가질 수 있다.

자, 이제 설레는 마음으로 파이어 여정에 나서자!

파이어란 무엇인가?

왜 파이어를 추구해야 하는가?

누가 파이어를 성취할 수 있는가?

시작하기 가장 좋은 때는 언제인가?

파이어 소개

파이어란 무엇인가?

파이어의 기본 개념은 저축과 투자에 모든 노력을 집중하고, 검소한 삶을 살며, 은퇴 날짜를 수십 년 단축하는 것이다.

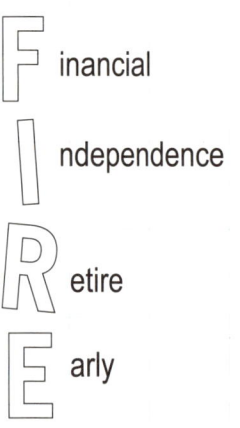

외우기 쉽고 재미있는 약자다! 경제적 자립과 조기 은퇴를 원하지 않는 사람이 세상에 어디 있겠는가?

이 책을 읽기 시작했다면 틀림없이 파이어란 발상에 끌렸을 것이다. 이 세션에서는 파이어의 기본 구성을 알아보고, 왜 당신이 파이어를 추구할 수 있으며, 또 추구해야 하는지를 논의한다.

'근면'과 '복리'라는 든든한 우군과 함께라면, 우리의 노력은 '무기한 인출 가능한 비축금'이라는 결실로 돌아올 것이다.

본격적으로 시작하기에 앞서 익숙해져야 할 용어를 살펴보자.

FI(경제적 자립) = 수동 소득이 생활비와 같거나 그것을 초과하여 더 이상 근로 소득(earned income)에 의존하거나 다른 사람에게 의지하지 않는 상태

RE(조기 은퇴) = 전통적인 기준보다 훨씬 이른 나이에 은퇴하는(예: 65세가 아닌 30세) 것으로, 추가 수입 없이도 자신이 원하는 것을 할 수 있음

소득(Income) = 직업, 투자 또는 다른 방법으로 버는 돈

능동 혹은 근로 소득(active or earned income) = 직업이나 사업을 통해 벌어들이는 돈

수동 소득(passive income) = 일을 아예 혹은 거의 하지 않고 벌어들이는 돈(예: 배당금, 로열티 수입, 임대 수입, 특정 유형의 사업 소득 등)

경제적 자립은 수동 소득이 지출과 같거나 그것을 초과하는 시점을 표현하는 데 사용하는 개념으로, 파이어에서 가장 중요하다. 다음의 사례를 보면 쉽게 이해할 수 있다.

예 1
폴의 연봉은 6,000만원, 월급은 500만원이다. 월 지출은 350만원(세금, 집세, 식비, 보험료, 교통비 등)이다.

폴은 경제적으로 자립했는가?
아니다. 폴은 경제적으로 자립하지 못했다. 매달 잉여 현금이 발생하지만 여전히 지출을 감당하기 위해 일해야 한다.

예 2
제니퍼의 연봉은 5,000만원, 월급은 420만원이다. 여기에 더해 매달 총 250만원의 수동 소득이 생기는 5개의 임대 부동산을 소유하고 있다. 월 지출은 450만원이다.

제니퍼는 경제적으로 자립했는가?
아니다. 제니퍼가 경제적 자립 목표를 향해 나아가고는 있으나, 여전히 수동 소득으로 충당되지 않는 월 지출이 200만원에 이른다.

예 3
데이브의 연봉은 3,600만원, 월급은 300만원인 시간제 근로자다. 그리고 10개의 부동산 임대 소득으로 월 500만원을 번다. 데이브의 월 지출은 400만원이다.

데이브는 경제적으로 자립했는가?
그렇다. 데이브는 매달 400만원의 지출을 초과하는 임대 부동산 수입으로 충분한 수동 소득을 갖고 있다. 따라서 월 지출을 충당하기 위해 시간제 일을 할 필요가 없다.

다음으로 조기 은퇴에 관해 논의한다. 일단 경제적 자립에 도달하면 선택의 자유가 생긴다. 수동 소득으로 지출 전액이 충당되면, 더 이상 근로 소득을 위해 일할 필요가 없다. 이제 마음 놓고 '조기 은퇴'할 수 있다.

이제 하루 종일 해변에 앉아 있어도 모든 지출이 충당된다. 자원봉사를 하거나, 새로운 사업을 시작하거나, 책을 쓸 수도 있다. 선택지는 무한하다. 무엇이든 자신의 선택에 달려 있다.

현대 파이어 운동

경제적 자립은 파이어가 인기를 끌기 훨씬 전부터 존재했다. 그러나 지금의 파이어 개념은 이전의 것과 구분된다. 과거보다 훨씬 다양한 아이디어가 빠르게 확산되고 있다.

인터넷의 등장으로 웹사이트는 기본 정보를 공유하는 정적 단계에서, 대화가 가능한 동적 단계로 진화했다. 이제 우리는 매일 업데이트되는 블로그, 사진, 비디오와 같은 화려한 매체 읽고 보며, 심지어 복잡한 계산을 수행하는 응용 프로그램을 즐겨 사용한다. 머지않아 증강현실(AR)과 가상현실(VR)이 일상의 일부가 되는 세상에 살 것이다.

현대 파이어 운동은 어디서 유래되었나?
사람들은 설레는 이야기에 빠진다. 그래서 수십 년 일찍 은퇴할 수 있다는 아이디어에 열렬히 환호하고 성공적인 모범 사례에 매료된다.

근거는 간단하다. 극단적 저축과 투자에 집중하면 은퇴 나이를 반으로 줄일 수 있다. 전 세계 수백만 명의 사람들이 지출 통제와 검소한 삶과 같은 아이디어에 공감한다.

새로운 개념에 눈을 뜬 사람들은 다음과 같은 전통적 조언에 의문을 제기하기 시작했다.

학교에서 좋은 성적을 받아라

대학에 진학하고 좋은 성적을 받아라

취업을 하고, 차근차근 승진하라

65세에 은퇴하라

나는 고등교육을 지지하지만 대학에 간다고 해서 직업이나 심지어 직장이 보장되는 시대는 끝났다. 이제 성공을 위해서는, 좋은 성적과 학위 그 이상이 필요하다.

지금의 역동적인 취업 시장을 보면, 은퇴 때까지 한 회사에 머물 수 없다. 오히려 지금 세대는 일생 동안 여러 번 직장, 심지어 직업까지 바꾸는 것이 합리적이다.

돈을 위해 일한다 ← → 돈이 나를 위해 일하게 만든다

파이어를 향해 가는 사람들의 공통점

- ✓ 공격적으로 저축 혹은 투자를 한다(근로 소득의 30%~70%)
- ✓ 저비용(수수료가 낮은) 인덱스 펀드에 투자한다.
- ✓ 검소한 삶을 추구하여 낭비적 지출을 줄이거나 없앤다.
- ✓ 물건보다 경험에 집중한다.
- ✓ '4% 규칙'을 이용하여 경제적 자립의 기준선을 정한다(66페이지 참조).

구세대 근로자가 더 저렴한 노동력과 최신 기술에 의해 대체되는 상황에서, 이들은 직업을 가진 상태 내내 지속적으로 자신을 재창조하며 새로운 가치를 만들어내라는 요구를 받고 있다.

전통적인 방식으로 직업을 유지하는 사람들은 결국 곤혹스러운 상태에 빠질 것이다. 이뿐 아니라 재정 상태가 나쁘거나 혹은 노후 준비가 안 되어 있어서, 은퇴 후 다시 직장으로 복귀해야 하는 사람들 또한 늘고 있다.

65세까지 일해야 한다면, 인생의 황금기를 남의 손에 맡기는 것과 같다. 이제 우리는 전통적 직업관 혹은 직업 모델이 더 이상 작동하지 않음을 분명히 알았다.

현대 파이어 운동은 훨씬 흥미진진하고 실용적인 방식을 보여준다. 이는 파이어를 향해 도전하는 용감한 사람들에게 다양한 기회를 제시하고 경제적 자유를 약속하는 것이다.

우리는 이를 위해 기꺼이 시간을 내어 계획을 세우고, 자신이 무엇에 가치를 두는지를 이해하며, 돈이 자신을 위해 일하게 만드는 법을 배워야 한다. 그래야 비로소 올바른 출발점에 설 수 있다.

파이어는 개인 재무관리 영역에 속한다. 그래서 파이어에 자신의 개인적 목표, 가치, 그리고 열망을 반영해야 한다. 이는 개인마다 파이어 목표가 다르다는 것을 의미한다.

뒤에서 살펴보겠지만, 파이어 달성에는 여러 가지 방법이 있다. 따라서 이용 가능한 전략 스펙트럼 전체를 살펴봐야 한다. 먼저 현대 파이어 운동에서 제시하는 기준이 무엇인지를 알아보자.

다양한 유형의 파이어

파이어의 장점은 자신이 원하는 대로 할 수 있다는 것이다. 모두에게 적용되는 일반적인 공식은 없다.

파이어는 다양한 방식으로 표현되고, 그에 어울리는 매력적인 이름을 각각 갖고 있다. 이들을 살펴보면서 어떤 것이 가장 마음에 드는지 찾아보자.

파이어는 '수동 소득이 지출과 같거나 그것을 초과하여 조기 은퇴'할 수 있는 상태임을 기억한다. 기본 파이어 공식을 먼저 살펴보면 이렇다. 나중에 더욱 깊이 있게 다루겠지만 지금은 다음 사항을 꼭 기억한다.

> 25 × 자신의 연간 지출
> **= 자신의 파이어 금액**
> (즉, 자신의 비축금)

자신의 연간 지출이 4,000만원이면 파이어 금액은 25 × 4,000만원 = 10억원이다.

다음으로 10억원 포트폴리오에, 널리 인정받는 연간 4% 인출률(withdrawal rate, 은퇴 시점 자산의 4%를 매년 인출하여 생활비로 충당)을 적용하면, 대부분의 시나리오에서 30년 이상 은퇴 생활을 유지할 수 있다.

이제 다양한 유형의 파이어에 관해 알아본다. 파이어의 표준 정의는 아직 없다. 온라인에서 사용되는 유사한 용어들의 다양한 정의를 참조하면 된다.

먼저, 한 가구의 연간 평균 지출이 약 6,000만원이라고 해 보자.

> **알뜰형 파이어:** 연간 지출 목표를 6,000만원의 절반으로 산정.
> 3,000만원 × 25 = 7억 5,000만원

> **표준형 파이어(또는 일반 파이어):**
> 연간 지출 목표
> 6,000만원 × 25 = 15억원

> **부유형 파이어:**
> 연간 지출 목표
> 1억원 이상 × 25 = 25억원 이상

> **바리스타형 파이어:** 이미 경제적 자립을 달성한 상태에서 추가 수입과 추가 혜택을 위해 시간제로 일하는 것을 선택한 경우다. 한 명의 배우자가 은퇴하고 다른 배우자가 (필요가 아니라 선택에 의해) 계속 일하는 경우도 있다.

경제적 자립을 위한 목표 금액

대다수 사람들은 10억 원 이하로 경제적 자립이 가능할 것으로 예상한다.

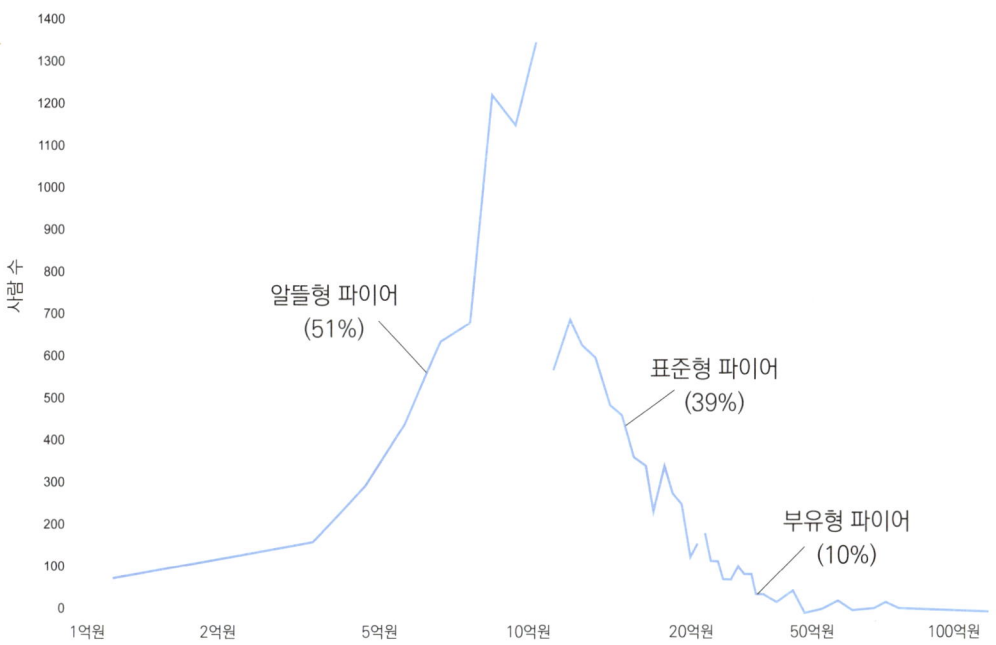

짐작하겠지만 위에 나온 액수의 일부 혹은 전부를 달성하느냐 마느냐는 수입과 지출이라는 두 가지 요소에 따라 달라진다.

이 책을 읽는 동안 우리는 자신의 삶에서 각각의 변수를 최적화하기 위한 다양한 방법을 탐색하는 데 상당한 시간을 할애한다. 우리가 실제로 이런 변수에 얼마나 많은 통제력을 갖고 있는지 알게 된다면 깜짝 놀라며 기뻐하게 될 것이다.

알고 있었나?

파이어를 열망하는 1,000명 이상의 사람을 대상으로 설문 조사를 한 결과, 응답자의 **51%**가 알뜰형 파이어를, **39%**가 표준형 파이어를, 그리고 **10%**가 부유형 파이어를 추구하는 것으로 나타났다.

왜 파이어를 추구해야 하는가?

남은 인생 동안 꼭 하고 싶은 일은 무엇인가? 복권에 당첨되는 꿈을 꾼 적이 있는가? 자기 직업에 확신을 갖지 못한 적은 없는가?

누구나 이런 생각들을 할 수 있다.

하지만 파이어를 향한 도전을 하는 사람은 많지 않다. 결심과 용기가 필요해서다. 이미 알고 있는 것처럼, 성공을 측정하는 관습적 지표로 우리는 돈, 현금흐름, 라이프스타일을 든다.

우리는 여기에 자기 탐구와 성장을 추가한다. 파이어를 향한 여정은 모험 가득한 긴 여행이기 때문이다. 이는 자신을 한계에서 해방하고, 놀라운 방식으로 주변 사람들에게 긍정적 영향을 주게 된다.

파이어를 향한 여정이 순탄할 수는 없지만, 그로 인해 얻게 되는 자유를 생각하면 충분히 해볼 가치가 있다.

파이어를 추구하는 과정에서 우리는 자신의 진정한 잠재력을 쫓게 되고, 이는 최상의 삶을 사는 데 큰 도움이 된다.

머릿속에 맴도는 내면의 투덜거림이 자신의 한계를 만드는 경우가 많다. "나는 유능하지 못해", "그건 내가 아니야", "그렇게 해도 절대 안 될 거야", "나는 너무 게을러", "나는 너무 늙었어", "나는 너무 어려" 등 자기 불신과 성장을 제한하는 믿음은 우리를 겁먹게 하고 우리의 전진을 방해한다.

우리는 모두 특별하다. 우리는 수영장의 한쪽 끝의 얕은 수심에서만 수영하기 위해 태어난 게 아니다. 우리 모두는 비범한 일을 하기 위해 이 책을 읽고 있음을 명심하자.

우리의 삶은 우리가 요청한 게 아니라 주어진 것이다. 우리는 수십억 분의 1의 확률을 깨고 태어난 생물학적 로또 당첨자다. 우리는, 매일 십만 번 이상 뛰며 생명을 불어넣는, 열정적 심장을 가진 축복받은 존재이고 자신에게만 존재하는 특별한 능력과 재능을 타고났다.

인생의 끝에 다다랐을 때 성공을 어떻게 정의할 것인가? 자신의 삶이 아름다운 추억, 소중한 관계, 영향력 있는 유산으로 가득 차 있을까? 아니면 더 많이 베풀지 못한 회한과 슬픔으로 가득 차 있을까?

파이어 여정의 시작은 치열한 생존경쟁에서 벗어날 수 있는 기회다. 꼬박꼬박 월급을 받기 위해 이런저런 지시를 받을 필요가 없다. 대신, 낡은 패러다임의 속박으로부터 독립을 선언하고 돈을 넘어선 삶을 추구할 권리를 되찾게 된다.

선택은 당신의 몫이다.

당신의 이유는 무엇인가?

자신의 이유 찾기 워크시트

나는 파이어에 열정이 있다. 여러분도 그렇기를 바란다. 그러나 내가 여러분에게 원하는 것은 중요하지 않다. 여러분이 자신에게 원하는 것이 훨씬 중요하다. 이 여정은 단거리 경주가 아니라 마라톤이어서, 파이어를 추구한다는 결정을 스스로 내려야 한다.

이 섹션에서 자신에게 가장 설득력 있는 이유를 생각해 내기 바란다. 왜 파이어를 추구하려 하나? 그것은 어떤 의미가 있는가? 그 이유가 자신의 가치관에 깊이 뿌리내린 것이어야만 한다.

마지막으로 자신의 이유는 파이어 목표를 향해 힘써 나아가는 과정에서, 자신에게 명확한 목적의식을 제공하고 성취감을 안겨줘야 한다.

여기 고려할 만한 사례들이 있다. 이를 참조하여 적는다. 단, 목표는 명확할수록 좋다.

- 아이들과 온전히 함께하는 부모가 된다
- 배우자와 함께 세계 여행을 한다
- 늘 꿈꾸던 사업을 시작한다
- 내 잠재력을 최대한 발휘한다
- 이 세상에 의미 있는 영향을 미친다
- 의미 있는 관계를 구축한다
- 일을 놀이로 만든다
- 돈의 논리를 완전히 터득한다
- 타인에게 모범이 된다

파이어에 이르려는 이유가 무엇인가?
자신의 이유를 아래에 적는다.

1. _____
2. _____
3. _____
4. _____

자신이 생각하는 최상의 삶은 어떤 모습인가?
그 삶을 누구와 공유하고 싶은가?

_____
_____
_____
_____
_____
_____

파이어에 이를 수 있는가?
왜 그렇다고 생각하는가?

_____
_____
_____
_____
_____
_____

자기 성장

파이어를 추구하기로 한 결정의 긍정적 효과는 자기 성장이라는 여정과 함께한다는 것이다.

파이어 추구와 자기 성장은 차와 꿀처럼 늘 함께한다. 물론 자기 성장의 여정 없이도 파이어에 도달할 수 있다. 하지만 병행하는 여정이 그만큼 더 달콤하다면 그렇게 하는 것이 좋지 않을까?

> **자기 성장**
>
> 자기 계발로도 알려졌다. 자기 인식과 정체성을 개선하고, 재능과 잠재력을 계발하며, 인적 자본으로서 능력을 길러 고용 가능성을 높이고, 삶의 질을 향상하며, 꿈과 열망을 실현하는 데 기여하는 모든 활동을 포함한다.

자기 성장은 정신과 마음에 그치지 말고 신체적 건강 차원에서도 함께 이루어져야 한다. 몸의 건강과 에너지 수준은 감정과 생각에 직접적인 영향을 미친다. 신체 상태를 관리할 줄 안다면, 여정은 훨씬 더 즐거워진다. 몸이 아프면 어떻게 파이어에 이를 수 있겠는가?

파이어에 이르는 여정에서 자기 성장을 함께 추구한다면 균형 잡힌 결과를 가져올 수 있다. 소득의 90%를 저축할 수 있다고 해서 꼭 그렇게 하는 것이 바람직한 것은 아니다. 균형을 찾는 일은 기회비용을 평가하고, 이를 자신의 가치관에 비추어 비교하고 검토하는 일을 능숙하게 해 나가는 것이다. 자신의 가치관을 잘 알고 있다면 맹목적으로 돈을 섬기는 상황에 빠지지 않는다.

돈은 원하는 자유에 도달하게 하는 도구에 불과하다는 사실도 잊어서는 안 된다. 필요한 만큼 돈을 가졌을 때, 만족할 수 있어야 한다. 돈을 더 많이 축적하려 할수록 자신의 본래 모습을 잃기 때문이다.

파이어와 자기 성장의 여정에는 수많은 봉우리와 계곡이 있다. 이 여정은 끊임없이 변하며, 그 과정에는 온갖 장애물이 존재한다. 자본 혹은 금융 시장이 갑자기 하락하거나, 예상치 못한 손실로 꽤나 큰 금전적 타격을 주기도 한다. 그러면 자신의 세계가 발칵 뒤집힌다. 끈기와 결의가 어려운 시기를 견디게 한다. 그리고 앞서 적은 자신만의 이유가 여정에 활기를 불어넣는다.

인생에서 일어나는 모든 일에 미리 대비할 수는 없다. 하지만 우리의 관점은 우리가 통제할 수는 있다.

> **"자신을 효과적으로 바꾸고 싶다면, 먼저 자신의 인식을 바꿔야 한다."**
>
> 스티븐 R. 코비

기여와 환원

사람들의 경제적 자유를 돕는 전문 재무 코치로서 나는 경제적 자립을 추구하는 사람들 사이에서 흥미로운 공통점을 발견했다. 이들은 모두 세상에 가치를 기여하고 자신의 재산을 환원하려 한다는 사실이다. 독자 중에도 이런 일에 관심을 가진 사람이 많을 것이다.

일단 자신의 기본적 필요가 충족되면 돈은 성장을 위한 도구이자 척도로 바뀐다. 파이어로 가는 길에서 풍요로움을 찾은 사람은 다른 사람에게 희망을 줄 것이고, 자연스럽게 더 많은 것을 주고 싶은 마음이 생긴다.

기여와 환원은 성취를 향한 여정의 마지막 단계다. 하지만 파이어에 도달할 때까지 기다릴 필요는 없다. 지금 바로 시작할 수 있다. 먼저 베풀면, 더 많이 받을 수 있다는 사실에 마음을 열어야 한다. 이는 물리적인 면뿐만 아니라 영적, 심리적인 면에서도 그렇다.

베푸는 것에는 다양한 형태가 있다. 베풀 기회 역시 언제 어디서나 존재한다. 돈을 베풀 수 없다면 시간을 베풀면 된다. 시간이 없다면 지혜와 마음을 내주면 된다. 스스로 모범을 보이는 것 또한 일종의 베풂이다. 그 형태와 방법은 무궁무진하다.

세상을 떠날 때 돈을 갖고 가는 사람은 없다. 우리는 잠시 '자신의 돈'을 관리하는 집사에 불과하다. 그 돈으로 무엇을 할 것인가? 자신이 어떤 사람으로 기억될 것인가? 파이어 이후를 다루는 섹션에서 이를 더 깊이 살펴본다.

먼저, 다음 두 가지 질문에 답한다.

파이어를 향한 여정에서 당신은 어떤 방식으로 베풀 것인가?

_____
_____
_____
_____
_____

돈을 충분히 갖고 있다면, 당신이 이 세상을 위해 할 수 있는 것은 무엇인가?

_____
_____
_____
_____
_____

누가 파이어를 성취할 수 있는가?

언뜻 생각하면 고소득자만이 가능할 것으로 보인다. 하지만 평범한 사람도 파이어를 달성하고 있다. 놀랐나?

사실이다. 파이어는 상대적이다. 경제적 자립은 다른 사람이 아닌 자신의 생활 방식에 의해 결정된다. 매년 3천만원 지출로 만족한다면, 매년 9천만원을 쓰는 사람보다 파이어 달성에 필요한 금액이 낮아진다. 이것이 파이어 금액의 기준선이다. 자신의 기준을 계산하는 방식에 관해서는 나중에 논의한다.

파이어를 추구하는 사람들의 일반적인 '소득' 범주에 관해 알아보자. 아래 범주 가운데 둘 이상에 해당하는 사람도 있을 수 있다.

싱크(Single Income No Kids, 아이 없는 단일 소득):

이들은 일반적으로 직장 생활을 막 시작한 젊은 직장인이기 쉽다. 아직 안정되지 않았고 현시점에 부양 가족은 없다. 어쩌면 파티가 더 가치 있는 것처럼 보일 수 있겠지만, 지금이 파이어를 시작하기 가장 좋은 시기다.

시크(Single Income Kids, 아이 있는 단일 소득):

이들은 일반적으로 이혼했거나 사별한 부모인 경우가 많다. 단일 소득이고 자신이 1명 이상의 자녀를 부양해야 한다. 이 범주가 파이어 달성에 가장 불리하다. 물론 불가능한 일은 아니다.

딩크(Dual Income No Kids, 아이 없는 맞벌이 소득):

이들은 일반적으로 결혼한 상태로, 두 명의 소득이 삶을 든든하게 뒷받침하고 있다. 부양 자녀 없이 둘 다 일을 하고 있어, 파이어 비축금 마련에 가장 유리하다. 둘의 소득이 넉넉하다면, 한 명의 소득 전체를 저축과 투자에 사용할 수 있어 파이어 달성에 가장 유리하다.

디크(Dual Income Kids, 아이 있는 맞벌이 소득):

이들은 둘 다 일을 하며 1명 이상의 자녀가 있다. 소득의 일부가 양육을 위해 지출된다. 둘의 소득이 넉넉하고, 소득에 밑도는 지출을 유지하고 있다면 파이어 도달 가능성도 높다.

사례 연구
파이어 유명 인사, 피트 에더니(MMM)

미스터 머니 콧수염(MMM, Mr. Money Mustache)으로 더 잘 알려진 피트 에더니는 30세에 조기 은퇴했다. 소프트웨어 엔지니어였던 피트는 소득의 대부분을 저축하고, 그 이자를 주식 시장 인덱스 펀드에 투자했다.

그가 2011년 시작한 블로그(mrmoneymustache.com)는 엄청난 인기를 끌었다. 피트는 낭비적 소비를 (50% 이상) 낮추고, 자신의 삶으로 돌아가야 한다고 주장한다. 그는 소유하고 있는 자동차를 큰 물건 운반용으로만 사용한다. 그 이외에는 늘 행복한 표정으로 자전거를 탄다.

나는 피트의 천재성이 지출의 악순환을 끊어야 할 주된 이유로 '쾌락 적응(hedonic adaptation)'을 든 것에 있다고 믿는다. 쾌락 적응이란 긍정적이든 부정적이든 삶에 큰 변화가 있더라도 유사한 수준의 행복으로 되돌아가는 경향을 말한다. 이러한 경향으로 인해 물건을 구매한다고 해서 결국 본질적으로 더 행복해지는 것이 아니라는 게 피트의 조언이다.

맞는 말인가? 당신이 정말 오랫동안 염원했던 물건을 떠올려 보자. 오랫동안 죽도록 사고 싶었던 물건 말이다. 마침내 그것을 손에 쥐었을 때, 당신은 진짜 행복했을 것이다. 하지만 불행히도 그 행복감은 금방 시들해지면서, 여전히 그 물건을 소유하고 있지만, 행복 수준은 평소와 비슷하게 낮아진다.

피트는 이렇게 말한다. "왜 외적인 것을 쫓는가? 대신 자유를 추구하고 쾌락 적응의 소비 악순환에서 벗어나라."

피트는 자신이 어쩌다 유사 종교를 창시한 것 같다고 즐겨 말한다. 자신의 가장 충실한 추종자들을 '콧수염주의자(Mustachians)'라 부른다. 이로써 그의 아이디어를 공유하는 전 세계 수많은 온라인 그룹이 생겨났고, CNBC와 「마켓워치」, 「워싱턴포스트」, 「뉴요커」를 포함한 수많은 매체에서 그를 중요 인물로 소개했다.

마지막으로 나는 그가 내세우는 사상의 진정성을 존중한다. 그는 본의 아니게 자신의 블로그를 통해 많은 돈을 벌었지만, 이것이 그가 내세운 삶의 원칙을 가로막지는 못했다.

> **"부자가 되는 것은 수완보다 마음가짐에 달려 있다."**
> 피트 에더니(MMM)

사례 연구
경제적 자립 혹은 파이어를 달성한 사람들

개인 재무 블로거인 나는 다른 사람들의 파이어 여정을 보며 많은 것을 배웠다. 경제적 자립과 조기 은퇴를 이룬 사람들의 배경과 거주지는 각양각색이다. 다음은 온라인에서 찾을 수 있는 공개 블로거의 사례들이다. 이들 말고도 전 세계 곳곳에는 파이어를 이룬 사람들이 많이 숨어있다. 어쩌면 당신 이웃도 이미 파이어를 이뤘을 수 있다.

이름: 더스틴 하이너 | **전직**: 공무원
경제적 자립 및 파이어 달성 연령: 37세
수입원/경제적 자립의 가속 수단: 부동산 투자

이름: 리프 달린 | **전직**: 의사
경제적 자립 및 파이어 달성 연령: 43세
수입원/경제적 자립의 가속 수단: 주식 투자

이름: 애니 | **전직**: 교사
경제적 자립 및 파이어 달성 연령: 30대
수입원/경제적 자립의 가속 수단: 주식 투자

이름: 킴 | **전직**: 엔지니어
경제적 자립 및 파이어 달성 연령: 30대
수입원/경제적 자립의 가속 수단: 주식 투자

이름: 애덤 | **전직**: 엔지니어
경제적 자립 및 파이어 달성 연령: 36세
수입원/경제적 자립의 가속 수단: 주식 투자

이름: 채드 카슨 | **전직**: NCAA 풋볼 선수
경제적 자립 및 파이어 달성 연령: 30대
수입원/경제적 자립의 가속 수단: 부동산 투자

이름: 샘 도겐 | **전직**: 투자 은행가
경제적 자립 및 파이어 달성 연령: 30대
수입원/경제적 자립의 가속 수단: 주식 및 부동산 투자

이름: 스티브 아크 | **전직**: 화공 엔지니어
경제적 자립 및 파이어 달성 연령: 50대
수입원/경제적 자립의 가속 수단: 부동산 투자

이름: 제프 | **전직**: 기업가
경제적 자립 및 파이어 달성 연령: 40대
수입원/경제적 자립의 가속 수단: 사업체 지분 및 투자

이름: 미셸 쉬뢰더-가드너 | **전직**: 블로거
경제적 자립 및 파이어 달성 연령: 20대
수입원/경제적 자립의 가속 수단: 기업가 활동 및 블로그 운영

> "자신이 세운 가정(assumption)을 의심하고,
> 모든 것에 의문을 제기하며,
> 자신에게 가장 의미 있고 즐거운 삶을 지향하는
> 노력을 시작하라."
>
> 브랜던 갠치(일명 The Mad Fientist)

이름: 돔 | **전직:** 기업 재무
경제적 자립 및 파이어 달성 연령: 30대
수입원/경제적 자립의 가속 수단: 주식 투자 및 기업가 활동

이름: 로버트 패링턴
전직: 타깃(Target)사의 지역 관리자
경제적 자립 및 파이어 달성 연령: 30대
수입원/경제적 자립의 가속 수단: 블로그 운영 및 기업가 활동

이름: 존 | **전직:** 기업 근무 경력
경제적 자립 및 파이어 달성 연령: 42세
수입원/경제적 자립의 가속 수단: 주식 및 부동산 투자

이름: 브래드 배리트 | **전직:** 회계사
경제적 자립 및 파이어 달성 연령: 35세
수입원/경제적 자립의 가속 수단: 주식 투자

이름: 크리스티 셴 | **전직:** 컴퓨터 엔지니어
경제적 자립 및 파이어 달성 연령: 31세
수입원/경제적 자립의 가속 수단: 주식 및 부동산 투자

이름: 짐 왱 | **전직:** 소프트웨어 엔지니어
경제적 자립 및 파이어 달성 연령: 20대
수입원/경제적 자립의 가속 수단: 블로그 운영 및 기업가 활동

이름: 폴러 팬트 | **전직:** 프리랜서 작가
경제적 자립 및 파이어 달성 연령: 30대
수입원/경제적 자립의 가속 수단: 부동산 투자 및 기업가 활동

이름: 더그 노드먼 | **전직:** 미 해군 병사
경제적 자립 및 파이어 달성 연령: 41세
수입원/경제적 자립의 가속 수단: 주식 투자 및 정부 연금

이름: 크리스 마물라 | **전직:** 물리치료사
경제적 자립 및 파이어 달성 연령: 41세
수입원/경제적 자립의 가속 수단: 주식 투자

이름: 브랜던 갠치
전직: 컴퓨터 프로그래머
경제적 자립 및 파이어 달성 연령: 34세
수입원/경제적 자립의 가속 수단: 주식 투자

사례 연구
파이어 유명 인사 칼 젠슨(Mr. 1500)

칼 젠슨은 40대 초반에 파이어에 도달했고 멋진 자동차까지 구입했다. 어떻게 가능했을까? 온라인에서 'Mr. 1500'으로 알려진 칼은 소프트웨어 개발자로 늘 스트레스에 시달렸다. 연봉이 1억 5,000만원에 달했지만, 스트레스가 자신을 죽인다고 느꼈다.

2012년 어느 날, 칼은 마음을 먹고 인터넷에 접속해 '일찍 은퇴하는 방법'을 검색했다. 과연 어느 사이트가 눈에 들어왔을까? 바로 '미스터 머니 콧수염'이었다. 시간 가는 줄 모르고 '콧수염주의'에 푹 빠진 칼은 아내와 함께 앉아 매년 5,000만원으로 생활하는 계획을 세웠다.

5년 후 칼이 주식 시장에 투자해 놓은 금액은 약 12억원이었다. 이것이 조기 은퇴에 필요한 전부였다. 회사에 사표를 내고, 완전히 새로운 파이어 삶에 발을 들였다. 그의 나이 마흔셋이었다.

내 경우와 비슷하게, 칼의 아내 민디는 지금도 일을 한다. 그는 바리스타형 파이어(16쪽 참조)다. 그는 매년 비축금에서 4%씩 인출하여 사용할 수 있었으나, 아내 덕분에 그럴 필요가 없었다. 비축금은 계속 늘어났다.

칼의 이야기가 흥미로운 것은, 우리가 흔히 빠져들기 쉬운 전통적 소비주의 습관의 희생양이었던, 그가 방향을 바꿔 파이어를 달성했기 때문이다.

4개의 침실과 4개의 화장실이 있는 저택에서 살았던 칼과 그의 아내는 집의 규모를 줄여 이사를 했고, 그로 인해 생긴 여유 자금을 주식 시장에 투자했다. 일반적인 사람들은 칼의 상황에서 더 큰 집을 찾았겠지만, 칼은 정반대의 길을 선택했다. 그는 행복이 더 크고 좋은 집이나 물건에 있는 게 아니라 미래에 누릴 수 있는 자유, 어린 딸들과의 관계, 그리고 아내에 있음을 깨달았다.

칼은 또한 '하우스 해킹(house hacking, 110쪽 참조)'이라는 강력한 부동산 투자 기법을 이용해 돈을 효율적으로 불릴 수 있었다.

칼은 여러 언론매체에 소개되면서 파이어 유명인사가 되었다. 그의 글은 재미있으면서도 유용했고, 진정한 조언이 가득했다. 칼은 답답한 공간에서 끝없는 코드를 작성하며 받았던 스트레스에서 확실히 벗어난 것으로 보인다.

> "자녀에게 줄 수 있는 가장 값진 선물은 당신의 시간이다. 내가 그렇게 할 수 있어 정말 감사하다."
>
> 칼 젠슨(1500Days.com)

시작하기 가장 좋은 때는 언제인가?

"과거로 되돌아가 다시 하고 싶은 일을 꼽으라면 무엇인가"라고 물으면 "그게 무엇이든 좀 더 일찍 시작하지 못한 것이 아쉽다"라고 대답하는 사람이 많을 것이다.

왜 그럴까? 지나고 나서 보면 모든 것이 명확하게 보여서다. 다시 말해, 미래의 결과를 알면 해야 할 일이 분명해진다.

여기에 교훈이 있다. 바로 경험이 많고 현명한 사람들의 말을 경청하고 그들의 실수로부터 배운다면 우리가 더 빠르게 발전할 수 있다.

이러한 이해를 바탕으로 다음과 같은 질문을 해 보자.

파이어 여정을 시작하기 가장 좋은 시기는 언제인가?

바로 어제다!

하지만 타임머신을 숨겨뒀다면 모를까, 누구도 할 수 없다. 그래서 오늘부터 시작해야 한다. 사실 지금보다 더 좋은 때는 없다. 지금 바로 행동에 옮기자.

지금 시작한다고 해서 꼭 큰 결심과 과감한 행동이 필요한 것은 아니다. '행동하기'의 시작은 이 머니 플래너를 완성하겠다고 결심하는 것처럼 간단할 수 있다. 아니면 이 책의 한 세션에 집중하여 해당 분야나 주제의 전문가가 되는 것을 의미할 수도 있다.

오늘부터 시작하면 뇌에 즉각적인 메시지가 전달된다. 무엇이 통제하고 있는지를 자신의 의식과 잠재의식에 알려주는 셈이다. 이 일에 더 많은 에너지를 쏟을수록 그만큼 더 좋다. 추진력을 키우고, 행동에 옮기며, 그 행동을 규칙적으로 반복하여 하나의 습관으로 만들어야 한다.

확신이 서지 않는가? 결정을 하려니 막막하게 느껴지는가?

지극히 정상이다. 이를 '분석 마비(analysis paralysis)'라고 한다.

우리는 이따금 행동에 옮길 완벽한 때를 찾다가 그만 길을 잃는다. 논리적으로는 최적의 진입 시점이 될 때까지 기다리는 것이 이치에 맞아 보인다. 그러나 여기에는 결함이 있다. 끊임없이 문제점을 찾거나 너무 두려워 행동하지 못한다는 것이다. 결국 귀한 시간을 허비한다.

대신, 자주 고민하기보다는 '이진법 의사결정(binary decision)' 연습을 하는 것이 바람직하다. 이를테면 무언가를 할지, 하지 않을지를 결정하는 것이다. 그러면 적어도 자신의 상황을 자각하고 다른 중요한 결정으로 옮겨갈 수 있다.

파이어 여정에서는 상당한 불확실성을 맞이하게 된다. 다양한 장애물이 수없이 존재한다고 가정해야 한다. 그렇다고 이를 너무 신경 쓸 필요는 없다. 우리는 생각보다 훨씬 뛰어난 능력을 갖고 있다.

자, 이제 기운 내 앞으로 나아가자!

시장 사이클의 이해

파이어 여정은 마라톤이다. 최고의 성공 기회를 잡고 싶다면, 먼저 경제와 금융 시장의 본질적 특성을 이해해야 한다.

금융 시장이 어떻게 작동하는지를 알지 못하면, 돈으로 하는 모든 일이 두렵게 느껴진다. 이제 시장을 자세히 관찰하고, 시간이 지남에 따라 시장이 어떻게 움직이는지 살펴보자. 금융 시장은 여러 가지가 있으나, 이 논의의 목적에 맞추어, 주식 시장을 집중적으로 다룬다. 주식 시장은 파이어 여정에서 가장 중요하다.

주식을 처음 접하는 사람이라면, '주식은 특정 회사의 소유 지분'이라는 사실만 먼저 기억하면 된다. 아마존의 주식을 갖고 있다면 아마존 주식회사의 작은 일부를 소유하고 있는 것이다.

주식은 뉴욕증권거래소, 나스닥, 런던증권거래소, 한국거래소, 유로넥스트와 같은 거래소에 상장되고 거래된다. 이들을 통틀어 '주식 시장'이라 칭한다.

'지수(index)'는 특정한 '주식 묶음(basket)'을 분류하기 위한 목적으로 사용된다. 예를 들어, S&P 500은 미국 500대 상장 기업 주식의 시가총액을 보여주는 지수다. 마찬가지로 FTSE 100은 런던증권거래소에서 100대 기업 주식의 시가총액을 보여준다. 다우(Dow)나 나스닥(NASDAQ) 등도 지수를 의미한다.

"오늘 시장이 급등했다!"라는 말을 들으면 주가 지수가 크게 상승했다는 의미다.

1927년 이후 S&P 500 지수의 차트를 살펴보자. 90년 동안 S&P 500은 꾸준히 상승했다. 그리고 지

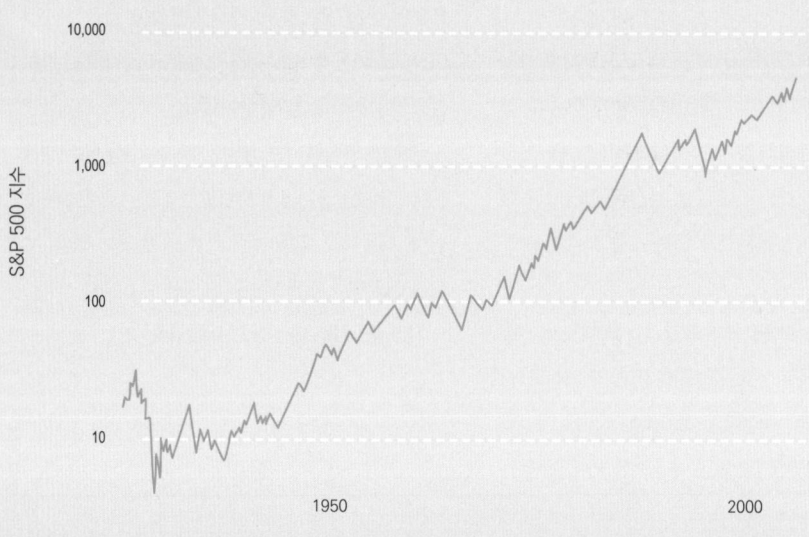

수 출시 이후 현재까지 연평균 수익률은 10%다.

그러나 이것이 실제로 매년 10%의 수익을 보장한다는 의미는 아니다. 차트를 보면 특정 연도에 큰 변동이 있음을 알 수 있다. 따라서 투자 전략을 짤 때 이 점을 인지해야 한다.

뉴스에서 볼 수 있는 가장 일반적인 '사이클(cycles)'에는 '강세(시)장(bull market)'과 '약세(시)장(bear market)'이 있다. 이는 몇 달 또는 심지어 몇 년 동안 시장이 움직이는 방향을 보여주는 전문 용어다.

강세장은 긍정, 낙관, 성장이 특징이다. 시장이 이전 가치보다 20% 이상 상승하는 국면을 가리킨다. 약세장은 후퇴, 부정, 위축이 특징이다. 시장이 이전 가치보다 20% 이상 하락하는 국면을 가리킨다.

> **"남들이 욕심낼 때
> 두려워하고,
> 남들이 두려워할 때
> 욕심내라."**
>
> 워런 버핏

반가운 소식은 강세장이 기간과 영향 측면에서 모두 약세장을 압도한다는 사실이다. 역사적으로 보면 강세장은 평균 5년 동안 지속하며 173%의 수익을 낸 반면, 약세장은 겨우 평균 1.5년 지속하며 39%의 손실을 보였다. 따라서 사람들은 대부분 주식 시장이 장기적으로 상승한다는 생각에 투자를 한다.

파이어를 추구하는 사람들 대부분이 제1의 투자 수단으로 주식 시장을 선택하는 이유다. 이들은 오랜 시간에 걸쳐 주식 시장 '인덱스 펀드'에 균등하게 투자하는 '매입 원가 평균법(dollar cost averaging)'이라는 투자 방식을 이용한다. 이를 통해 '시장 사이클(market cycles)'의 등락에도 큰 걱정을 하지 않는다. 오히려 꾸준하게 투자하며, 수십 년에 걸쳐 시장 평균 수익을 거둔다.

인덱스 투자에는 두 가지 이점이 있다. 첫째, 돈을 여러 주식에 배분하여 위험을 줄인다. 둘째, 연평균 수익률은 지수를 따라가게 되어 있어 결국 상위 90%에 머물게 된다.

시장 사이클에 관해 마지막으로 알아야 할 사실이 있다. 주식 시장 상승이 항상 부동산 시장 상승을 이끄는 것은 아니라는 사실이며, 그 반대도 마찬가지다. 모든 금융 및 자본 시장은 각각의 방식으로 작동한다. 시장 패턴을 더 많이 이해할수록 거기에서 수익을 올릴 가능성이 커진다.

예상치 못한 상황에 대비한 계획 세우기

내가 이 책을 처음 쓰기 시작했을 때는 코로나19 이전이었다. 그리고 이제 우리는 코로나19 이후의 세계를 살고 있다. 코로나19가 덮쳤을 때 당신은 어떤 영향을 받았나? 수입은 어땠나? 일자리를 잃었나?

코로나19가 발생하기 전을 기억해 보면, 세계 경제는 불타고 있었다. 주식 시장은 사상 최고치를 경신했고 부동산은 프리미엄이 붙어 거래되었다. 곧이어 전 세계를 덮칠 전염병 위기와 그것이 경제에 미칠 대혼란을 누가 예측할 수 있었겠는가? 수백만 명의 사람들이 주 소득원인 일자리를 잃었다.

그렇다면 일생에 한 번 있는 위기 상황에서 어떻게 자산을 관리해야 했을까? 이런 상황이 파이어에는 어떤 영향을 미쳤을까?

뒤에서 자세히 설명하겠지만, 파이어를 달성하기 위해서는 잘 설계된 재무 계획이 필요하고 시장 변동을 예상할 수 있어야 한다. 나는 코로나19 혹은 심각한 경제 위기가 발생하고, 이로 인해 세계 경제가 휘청거릴 것이라 예상하지 못했다. 그러나 시장이 주기적으로 변동한다는 사실은 잘 알고 있었다.

방금 시장 사이클에 관한 이야기를 했고, 강세장은 평균 5년 지속되었다고 밝혔다. 코로나19가 닥쳤을 때 세계 경제는 10년 넘게, 이제까지 알려진, 가장 긴 강세장의 한가운데 있었다. 그런 만큼 시장 지수가 30% 넘게 하락하는 것도 놀랍지 않았다. 나는 장기 투자 전략을 가진 덕분에, 공포에 휩싸여 주식을 매도하지 않았다. 오히려 주식이 '세일' 중일 때, 일부 주식을 내 포트폴리오에 추가했다(긴장되는 상황에서 침착함을 유지하는 법에 관한 자세한 내용은 101쪽 '투자자의 감정 사이클' 참조).

우리는 예상치 못한 상황에 대비한 계획을 수립해야 한다는 사실을 흔히 간과한다. 그러나 이는 포기하지 않고 게임을 지속하는 데 있어서 꼭 필요하다. 파이어를 달성하려면 끝까지 버텨야 한다. 하지만 우리는 그 여정에서 상당한 변동을 경험할 수밖에 없다.

나는 "최상을 기대하고 최악에 대비하라"는 말을 좋아한다. 이렇게 하면 낙관적일 수 있는 동시에 최악의 상황에서도 손실 위험을 회피할 수 있다.

또한 파이어 계획에는, 어떤 단기 현금흐름 부족 상황을 능히 헤쳐나갈 수 있는 규모의, 비상 자금 마련 계획이 포함되어 있어야 한다. 이번 코로나19 사태에서 당신은 어떻게 대처했나? 이 경험을 통해 무엇을 배웠나?

자 이제 자신의 능력을 과소평가하지 말자. 그렇다. 예상치 못한 역경을 극복하는 데 쓸 비상 자금이 있다면 누구에게나 좋은 일이다. 하지만 새로운 가치를 만들어, 위기 속에서 번영할 수 있는 방식을 찾아낸다면 더 멋진 일이 될 것이다.

나는 정규 직업 활동을 중단한 상태에서 새로운 수입원을 만들어 내는 사람들을 많이 봤다. 마스크를 만들고 빵을 구워 파는 창업자도 있었다. 이들은 가치를 만들었고 그 과정에서 보상을 받았다.

"돈을 위해
일하는 데
시간을 바치지 말고,
자신의 가치를 위해
일하는 데
삶을 바쳐라"

비키 로빈
『돈이냐 삶이냐 Your Money or Your Life』 중에서

돈에 대한 신념

행동 조정하기

2

파이어 사고방식

돈에 대한 신념

모든 것은 돈에 대한 사고방식에서 시작된다

이 부분을 건너뛰어서는 안 된다. 돈에 관한 제대로 된 사고방식을 갖는 일은 파이어 달성에 있어서 중요하다. 사실 많은 사람이 파이어 달성에 실패하는 이유도 바로 여기에 있다.

파이어 달성을 위해서는 신체와 정신적 능력이 모두 필요하다. 어렵고 힘든 상황에 처하거나 두려움이 밀려올 때 우리는 어떻게 해야 할까? 시장이 붕괴될 때조차도 투자 자산을 유지할 배짱이 있는가?

재무 코치인 나는 이런 일을 끊임없이 목격한다. 많은 고객이 찾아와서는 자신이 왜 그동안 성공하지 못했는지, 왜 똑같은 패턴과 습관에 반복적으로 빠져드는지 의아해한다.

그들은 돈에 대한 자신의 사고방식을 바꾸지 못해서 그렇다. 그래서 자신에게 불리한 상황이 계속된다.

돈에 대한 사고방식은 '돈과 관련하여 확립된 신념의 집합'이다. 이는 자신의 성장을 북돋우는 신념과 제한하는 신념의 조합으로 표현된다. 신념은 의식적일 수도 있고 잠재의식에서 비롯할 수도 있다. 어느 쪽이든 그것은 우리에게 큰 영향을 준다.

돈에 대한 자신의 사고방식을 정확하게 알아야 돈과 관련된 자신의 상황을 명확하게 볼 수 있다. 그래야 새로운 선택이 가능하다. 눈에 보이는 자신의 모습이 마음에 드는가? 돈에 대한 사고방식이 자신에게 유익하게 작용하는가, 아니면 해롭게 작용하는가?

이제 돈이 자신에게 어떤 의미인지를 알아보자. 다음에 나오는 섹션에서 이러한 신념에 관해 자세히 논의하고, 아울러 우리의 생각을 통제하는 방법을 배운다.

이런 질문이 필요하다. 돈에 대한 자신의 사고방식에는 파이어에 관한 신념이 담겨 있는가? 자신이 파이어를 달성할 수 있다고 믿는가?

이 책을 통해 우리는 돈에 대한 자신의 신념을 조명하고, 그것을 글로 작성하여, 이를 통해 돈에 대한 자신의 사고방식을 명확히 파악하게 된다.

그래야만 돈에 대한 자신만의 사고방식을 만들고 효과적으로 파이어 여정에 필요한 신념을 가질 수 있다.

이제 시작하자.

> **"할 수 있다고 생각하든, 없다고 생각하든 모든 것은 우리가 생각하는 대로 된다."**
> — 헨리 포드

신념 - 자신이 하는 모든 행동의 숨겨진 이유

가난하게 태어난 남자 바비를 예로 들어보자. 그의 어머니와 아버지는 육체노동 근로자다. 매일 저녁 지친 몸으로 귀가하지만 가족과 함께 저녁 식사를 한다. 식사 중에 아버지는 바비에게 이렇게 말한다. "인생에서 앞서 나가려면 누구보다 더 열심히, 더 빠르게 일해야 한다. 돈은 나무에서 열리는 게 아니다."

이제 제니스를 보자. 바비와 같은 나이지만 삶의 환경은 크게 다르다. 아버지는 사업가이고 어머니는 대기업 임원이다. 식사 중에 아버지는 "제니스, 오늘 학교에서 무엇을 배웠니? 네가 얼마 전에 행사하며 돈을 모았던 것 기억하니? 돈을 모으는 기술은 사업을 시작할 때 요긴하게 사용할 수 있단다. 그러니 제대로 배워 두는 게 좋다"라고 가르친다.

바비의 돈에 대한 사고방식은 제니스와 크게 다를 것이다. 바비가 자신의 기준점을 바꾸게 되는 외부 영향이 있지 않는 한, 돈에 대한 신념은 자신의 경험을 바탕으로 형성될 것이고, 돈에 대한 사고방식이 그의 성장을 제한할 가능성이 크다. 반면 제니스의 돈에 대한 사고방식은 그의 성장을 북돋을 것이다.

과연 무엇이 진실일까? 두 사람 모두 경제적으로 자립할 만한 잠재 능력을 충분히 갖추고 있지만, 우리는 제니스가 훨씬 유리할 것이라 생각한다.

이것이 바로 파이어 여정에 나서기 전, 돈에 대한 자신의 사고방식을 알아야 하는 중요한 이유다.

돈에 대한 사고방식은 우리를 인도하는 신념의 조합이다. 그리고 신념은 자신에게 말하는 특정 진술이나 이야기에 확신을 갖게 한다. 돈에 대한 사고방식이 어떤 신념으로 구성돼 있는지를 안다면, 상당히 정확하게 자신의 미래를 예측할 수 있다.

신념이 강력한 힘을 발휘하는 이유는 우리가 하는 모든 행동의 이면에 신념이 숨어서 작용하고 있어서다. 이렇듯 신념이 행동을 통제하는 것은 어떤 행동을 하면 (또는 하지 않으면) 그것이 특정한 결과를 낳을 것이라고 믿어서다.

돈에 대한 사고방식은 '성장을 북돋는 신념'과 '성장을 제한하는 신념'으로 구분된다. 그렇다면 상반된 신념을 모두 가질 수도 있을까? 이런 일은 우리가 깨닫지 못하는 사이에 일어나곤 한다. 그리고 이 경우 강력한 기준이 되는 신념이 더 약한 신념을 항상 이긴다.

신념은 계속 변한다. 그러나 그것의 존재를 알고 있으면, 그것을 통제하거나 심지어 바꾸기 위해 의식적인 노력을 기울일 수 있다.

신념 〉 행동 〉 결과

당신의 신념은 어떤 것인가?

신념이 우리의 행동을 어떻게 좌우하는지 이해했다. 이제 돈에 대한 자신의 신념을 살펴보자.

때로는 우리가 어떤 것을 의식적으로 알고 있어도, 잠재의식에 내면화된 신념을 따르는 경우가 있다. 현재 자신의 재무 상태가 돈에 관해 갖고 있는 신념의 결과인가? 다음의 신념 가운데 어느 정도 공감이 되는 것이 있는가? 돈에 대해 자신이 가진 모든 신념을 점검하고, 자신에게 완벽히 솔직해지도록 노력한다.

이 연습을 마친 후에는 자신의 성장을 제한하는 신념과 북돋우는 신념이 혼합되어 있음을 발견할 가능성이 크다. 전체적으로 어느 쪽 신념이 더 강한가?

✗ 성장을 제한하는 돈에 대한 신념

- ✗ 돈이 전부가 아니다.
- ✗ 돈이 많으면 친구와 가족이 나를 좋아하지 않을 것이다.
- ✗ 나는 돈을 잘 관리하지 못한다.
- ✗ 나는 돈을 지키지 못한다 — 들어오는 돈은 항상 다시 나간다.
- ✗ 돈은 모든 악의 근원이다.
- ✗ 나는 돈보다 사람을 중시한다.
- ✗ 돈을 벌려면 돈이 필요하다.
- ✗ 돈이 많아지면 문제도 더 많아진다.
- ✗ 나는 많은 돈을 가질 자격이 없다.
- ✗ 돈은 그다지 중요하지 않다.
- ✗ 부자는 더 부자가 되고 가난한 사람은 더 가난해진다.
- ✗ 나는 돈을 모을 수 없다.
- ✗ 나의 순자산은 내 자존감을 반영한다. 나는 부자가 될 운명이 아니다.
- ✗ 돈을 벌려면 상당한 위험을 감수해야 한다.
- ✗ 돈으로 행복을 살 수 없다.
- ✗ 다른 사람들이 모두 가난한 상황에서 나 혼자 부자가 될 수는 없다.
- ✗ 너무 많은 돈을 원하는 것은 이기적이고 탐욕스럽다.
- ✗ 돈은 그저 돈에 불과하다(즉, 돈은 그다지 중요하지 않다).
- ✗ 나는 베풀 만큼 충분히 돈을 갖고 있지 않다.
- ✗ 나는 시간이 없어 돈에 집중할 수 없다.
- ✗ 파이어는 멋진 구상이지만 결코 내가 달성할 수 있는 게 아니다.
- ✗ 나는 파이어를 위해 저축할 만큼 수입이 충분하지 않다.

성장을 제한하는 자신의 신념을 적는다.

성장을 북돋우는 돈에 대한 신념

- ✓ 돈이 나를 정의하지 않는다.
- ✓ 친구와 가족은 내가 돈이 있을 때 나를 좋아한다. 그럴 때 나는 항상 미소를 짓고, 친절하게 행동하기 때문이다.
- ✓ 나는 돈에 정통하다.
- ✓ 돈이 항상 나를 따른다.
- ✓ 돈을 쫓는 것은 악의 근원이다. 나는 자유와 진정성을 추구한다.
- ✓ 나는 사람을 소중히 여기는 것과 돈을 소중히 여기는 것이 상호 배타적이지 않음을 안다.
- ✓ 끊이지 않는 소득을 만들려면 창의성과 끈기가 필요하다.
- ✓ 돈이 더 많아진다고 해서 문제가 없어지는 것은 아니지만, 대부분은 양질의 문제다 (예: 수입이 많으면 세금이 너무 많이 나온다).
- ✓ 나는 늘 돈을 잘 관리하기 때문에 많은 돈을 가질 자격이 있다.
- ✓ 돈은 나 자신의 가장 좋은 모습을 뒷받침해 주기 때문에 중요하다.
- ✓ 내가 더 부자가 될수록 가난한 사람들을 더 많이 도울 것이다.
- ✓ 내 순자산은 내 노력의 결과다.
- ✓ 나는 부자가 될 운명이다.
- ✓ 돈을 벌기 위해서는 내가 그렇게 할 수 있다고 일관되게 믿어야 한다.
- ✓ 돈은 그저 도구에 불과하다. 나는 그것으로 새로운 것을 만들고 창조할 것이다.
- ✓ 나는 쉽게 돈을 저축할 수 있다.
- ✓ 많은 사람이 나에게 의존하기 때문에 나는 부자가 되어야 한다.
- ✓ 많은 돈을 원하지 않는 것이 오히려 이기적이다. 그것이 내 잠재력을 제한하기 때문이다.
- ✓ 돈은 중요한 도구다. 나 자신과 사랑하는 사람 모두를 위해 그렇다.
- ✓ 나는 항상 베풀 만큼 충분히 갖고 있다.
- ✓ 나는 가장 중요한 일에 집중할 충분한 시간을 갖고 싶다. 내가 '돈의 달인'이 되면 내 인생은 모든 면에서 더 풍요로워질 것이다.
- ✓ 시간만 충분하면 나는 돈의 달인이 될 수 있다.
- ✓ 파이어는 멋진 개념이다. 나는 파이어를 이루고 새로운 방식으로 나의 잠재력을 발현하는 데 전념한다.
- ✓ 나는 창의성과 끈기만 있으면 내가 가능하다고 생각했던 것보다 훨씬 더 많이 저축할 수 있다.

성장을 북돋우는 자신의 신념을 적는다

성장을 제한하는 돈에 대한 신념을 바꾸는 방법

이제 자신의 성장을 제한하는 돈에 대한 신념을 알았으니, 가장 중요한 질문에 대답할 때다. 이를 어떻게 성장을 북돋우는 신념으로 바꿀 것인가?

뿌리 깊은 신념은 일반적으로 감정이 고조된 순간에 생기며, 그 후로 이를 더욱 강화하는 일련의 경험들이 뒤따른다.

목록에서 성장을 제한하는 일반적 신념 하나를 골라 살펴보자. A는 "나는 부자가 될 운명이 아니야"라고 믿는다.

A는 열 살 때 학교에서 여자 친구들과 어울리려 했다. 그러나 한 여자 학생이 A에게 "너 옷 좀 봐. 가난한 애는 가난한 애랑 노는 거야. 넌 우리랑 놀 수 없어"라는 말을 듣고 큰 충격을 받았다. 자신이 다르다는 걸 처음 깨닫고 마음에 큰 상처를 입었다.

아마 성장을 제한하는 이 믿음은 다음과 같은 경험으로 더 강화되었을 것이다.

- 가난한 동네에서 사는 것
- 제대로 된 옷이나 좋은 물건을 살 돈이 없는 상황
- 부모님으로부터 "우리는 절대 부자가 될 수 없어"라는 말을 듣는 것

이것들이 바로 그 신념을 떠받치는 강력한 기준점이 된다. 하지만 새로운 기준점을 만들거나 찾아내어 이것을 대체할 수도 있다.

감동은 신념을 바꾸는 최고의 도구다. 비슷한 배경을 가졌으나 가난에서 벗어나 부자가 된 사람을 발견한다면 어떨까? 빈손으로 시작해 지금은 사업체와 부동산을 소유한 사람들이 쓴 책을 읽으면 어떨까? 그들이 할 수 있다면 자신도 할 수 있다는 생각이 들지 않을까?

반가운 사실은 자신의 마음을 다시 프로그래밍하여, 마음이 어떻게 해야 할지 알려 줄 수 있다는 것이다. 우리의 뇌는 컴퓨터와 같다. 입력한 대로 출력된다. 그렇다면 이것을 가능하게 만드는 확언과 주문에 관해 알아보자.

확언은 "나도 잘하면 돈을 많이 벌 수 있어"라는 말 혹은 신념을 큰 소리로 외치는 것이다. 그러면 두뇌는 어쩔 수 없이 거기에 귀를 기울이고 그 말을 믿기 시작한다.

훨씬 더 강력한 것은 주문이다. 주문이란 확언을 하면서 거기에 최고의 에너지를 주입하는 행위다. 한번 해 보자. "나도 잘하면 돈을 많이 벌 수 있어"라는 말을 아주 큰 목소리로 가슴을 치며 한다. 그것은 색다른 경험이고 우리의 잠재의식은 그 소리에 귀를 기울일 수밖에 없다.

자 보자. 처음에는 주문을 외우는 행동이 다소 괴상해 보일 수 있다. 이웃과 가족이 보면 "제 정신이 아니네"라고 생각할 수도 있다.

그러나 훨씬 더 미친 짓은 자신의 성장을 제한하는 신념이 자리 잡고 있음을 알면서도, 그대로 내버려두는 것이다.

신념을 바꾸는 또 다른 방법은, 자신이 새롭게 갖고 싶은 신념을 이미 갖고 있는, 긍정적인 사람들과 어울리는 것이다. 이를 '근접의 힘(power of proximity)'이라 한다. 누구와 어울릴지를 선택하는 것은 아주 중요하다. 긍정적인 동료 집단을 선택함으로써 자연스럽게 자신의 기준을 끌어올릴 수 있다.

그런데 자신과 같은 신념의 친구가 한 명도 없다면 어떻게 해야 하나? 수완을 최대한 발휘하고, 컴퓨터를 잘 활용하여 투자자 그룹을 찾거나 온라인에서 관련 그룹에 가입할 수 있다.

재무 코치의 도움을 받는 것도 방법이고, 유료 전문가 그룹에 가입할 수도 있다. 물론 돈은 들지만, 이는 자기 성장을 위한 투자다. 가난한 신념에서 벗어나 부유한 신념으로의 전환을 이룰 수만 있다면, 충분히 그럴만한 가치가 있다.

마지막으로 교육의 기회는 누구에게나 열려있다. 무엇이든 많이 배우면 그만큼 잘 이해할 수 있게 된다. 부자가 되는 방법이나 파이어에 도달하는 방법을 공부한다면 자신감이 생기고, 이 자신감은 다시 긍정적 기준점이 되어 돈에 대한 신념을 더욱 강화할 것이다.

알고 있었나?

일기 쓰기는 성장을 제한하는 자신의 신념을 손쉽게 탐색하는 방법이다. 자신을 위한 글쓰기는 혼자만의 친밀한 시간이다. 솔직하게 털어놓을 수 있고, 세상의 시각과 판단 없이 자신의 신념을 탐색할 수 있는 안전한 공간이다. 성장을 제한하는 신념 가운데, 어떤 것이 삶에 가장 큰 영향을 미치고 있는지 스스로에게 묻는다. 그것이 자신의 잠재력 실현을 방해하고 있는가? 만약 성장을 제한하는 신념을 북돋우는 신념으로 바꾸면 내 삶은 어떻게 변할까?

돈에 대한 사고방식 바꾸기 워크시트

성장을 제한하는 자신의 신념을 인지하고 이를 바꾸는 방법을 알았다. 이제 재미있는 시간을 가져 보자.

다음 워크시트를 이용해 아래의 과제를 수행한다.
1. 성장을 제한하는 자신의 신념을 북돋우는 신념으로 바꿔 쓴다.
2. 제한하는 신념을 바꾸기 위해 어떤 방법을 사용할 것인지 적는다.

예)
성장을 제한하는 기존의 신념: "돈은 이해하기 너무 어렵다"
성장을 북돋우는 새로운 신념: "충분한 시간이 있으면 돈에 정통해지고 돈이 나를 위해 일하게 만들 수 있다"
기존의 신념을 없애는 도구: "교육, 코칭 및 전문가 그룹에 가입한다"

신념 1:

신념 2:

신념 3:

✓ 다음으로 이러한 신념이 확고히 자리 잡았을 때, 자신은 과연 어떤 사람이 되었을지 적는다. 지속적으로 어떤 행동을 취할지, 자신의 삶이 어떤 모습으로 변할지 등을 자세히 묘사한다.

행동 조정하기

성장을 제한하는 신념을 극복하기 위해 의식적인 선택을 한 것을 축하한다! 어떤 기분이 드는가? 설레나? 해방된 기분인가?

자신의 신념을 드러내고 이를 바꾸기 위해 어떤 선택을 하는 일은 파이어의 과정에서 가장 어려운 부분이다.

또한 성장을 제한하는 신념을 바꾸는 과정은 계속 진행되고 있음을 알아야 한다. 그래서 가끔 기존 신념으로 퇴보하는 일이 생겨도 자신을 너무 나무랄 필요는 없다. 그런 일이 발생했음을 알아차리고, 인정하고, 필요에 따라 조정하는 것이 중요하다.

돈에 대한 새로운 사고방식이 자리 잡고 발달함에 따라, 우리는 자연스럽게 새로운 사고방식에 맞는 행동을 취하기 시작한다. 이는 우리가 성장하고 있음을 의미한다.

성장을 북돋우는 돈에 대한 신념 몇 개를 선택하여, 이것이 어떻게 직접적인 행동으로 이어질 수 있는지를 살펴보자(자신의 것과 달라도 괜찮다).

신념 〉 행동 〉 결과

성장을 북돋우는 신념

1. 돈은 나의 가장 좋은 모습을 뒷받침해 주기 때문에 중요하다.
2. 시간이 충분하면 나도 돈의 달인이 될 수 있다는 것을 안다.
3. 내 순자산은 내 노력의 결과이자, 내가 이 세상에 미칠 수 있는 잠재적 영향력의 반영이다.

성장을 북돋우는 행동

1. 더 많이 벌고, 더 많이 저축하고, 돈을 늘리기 위해 노력한다. 예를 들어, 임금 인상을 요구하고, 자기 주도적 은퇴 계획에 돈을 더 많이 넣는다.
2. 돈, 투자 방법, 가치 창출 방법 등에 대해 더 많이 배우려 노력하고 끈기를 갖고 끝까지 해내려는 자세를 갖는다. 예를 들어, 투자에 관한 책을 읽거나 코칭 혹은 재무 관련 전문가 그룹에서 배우거나 투자 세미나에 참석한다.
3. 자신뿐만 아니라 가족을 위해 그리고 다른 사람을 도울 목적으로 부를 쌓으려 노력한다. 예를 들어, 자기 사업을 시작하고 시간을 할애해 지식을 공유한다.

새로운 신념에는 새로운 행동이 따른다. 그리고 새로운 행동에는 새로운 결과가 따른다!

결과 측정하기

성공적인 여정을 위해서는 진행에 따른 지표를 측정하는 것이 중요하다. 이를 통해 진행 과정을 확인하고 필요에 따라 조정할 기회를 갖는다.

차로 아주 긴 대륙 횡단 여행을 계획하고 있다고 가정하자. 목적지는 알지만, 그곳에 이르는 구체적인 길은 모른다. 그래서 최적의 경로를 찾아주는 구글 지도(또는 내비게이션)를 이용한다.

다음으로 여행에 적합한 차량을 골라야 한다. 차량이 고장은 없는지, 원하는 시간에 목적지에 도달할 수 있는지를 확인할 필요가 있다.

자동차에 올라 시동을 걸면, 대시보드에 주목하며 운전을 한다. 내비게이션과 계기판을 통해 수집된 정보로 이동 거리, 연료의 양, 오일의 양, 타이어 압력, 온도 및 기타 유용한 정보를 파악할 수 있다.

이러한 노력을 모두 기울여야 성공적으로 목적지에 도달할 기회가 생긴다.

파이어를 향한 여정도 이와 다르지 않다. 우리는 이미 출발점을 평가하기 시작했고, 이 책을 내비게이션으로 삼을 것이다. 마찬가지로 투자 전략은 차량이 되고, 신념은 연료가 되며, 성장은 오일이 된다.

파이어의 달성을 위해 우리가 사용하는 수치와 측정치는 주로 기존의 개인 재무 지표로, 이 중 대부분은 쉽게 이해할 수 있다. 예를 들면, 지난 달보다 월 소득이 증가 혹은 감소했나, 그 폭은 얼마인가 등이다.

이번 달 소득 = 월 600만원
지난 달 소득 = 월 540만원
소득 증가액 = 월 60만원 또는 11%

1년에 걸쳐 월별 현금흐름을 추적하면, 평균을 산출하고 월별 기준선을 계산할 수 있다. 지출에 대해서도 비슷한 계산이 필요하다.

다음 장에서는 월별 재무 현황에 포함되는 항목을 다룬다.

자신의 숫자를 아는 것이 중요하다

새로운 기술을 이용해 시간과 돈을 절약한다

새로운 기술을 이용해 파이어 숫자를 추적하는 방법

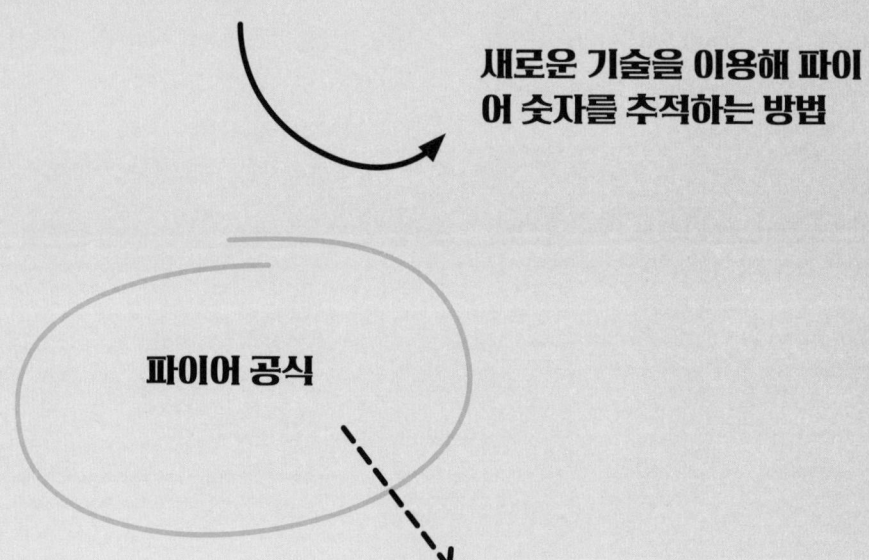

파이어 공식

경제적 자립의 정의

3

자신의 파이어 숫자

자신의 숫자를 아는 것이 중요하다

앞서 파이어를 향한 여정에 있어서 핵심 지표를 측정하는 것이 얼마나 중요한지를 살펴봤다. 이제부터는 특정 지표와 그 유용성을 살펴보자.

재무 현황

숫자는 우리의 친구다. 숫자는 정직하며 결코 거짓말을 하지 않는다.

다음에 나오는 일반적인 파이어 지표에 익숙해져야 한다.

- ✓ 자산 = 가치가 있는 것
- ✓ 부채 = 빚과 같은 금전적 채무
- ✓ 소득 = 일하거나 투자로 버는 돈
- ✓ 비용 = 지출한 돈
- ✓ 저축률 = (총소득 − 총비용)/총소득
- ✓ ROI = 투자 수익률(return on investment)
- ✓ 연간 ROI = 12개월 동안의 투자 수익률

- ✓ 수동 소득 = 능동적으로 일하지 않고 벌어들이는 돈
- ✓ 자산 배분 = 자산을 다양한 분야와 유형의 투자에 분배하는 행위
- ✓ 미상환 부채 = 갚아야 할 돈
- ✓ 신용 등급 = 신용 조사 기관이 부여한 신용 점수로, 부채 상환 능력 혹은 신용도에 영향을 주는 요소를 반영함
- ✓ 소득 대비 부채 비율(부채 상환 비율) = 소득에 비해 얼마나 많은 부채를 가졌는지 나타냄

재무 현황: 다음 단계

돈은 유동적이다. 그래서 재무 현황을 자주 파악해야 한다.
처음에는 한 달에 한 번씩 하다가, 현금흐름 패턴에 익숙해지면 분기에 한 번 하기를 권한다.
자신의 재무 현황에는 최소한 다음 두 가지 요소가 있어야 한다.

1. 순자산 = 자산 − 부채
2. 월 현금흐름 = 월 소득 − 월 비용

처음에는 숫자가 간단할 수 있다. 그러나 소득과 투자 포트폴리오가 늘어나기 시작하면 그 성과를 추적하고 관리할 시스템이 필요하다.

저축률은 중요한 지표다. 잉여 자금을 다른 투자로 돌려 파이어 기반을 더 빨리 구축할 수 있기 때문이다.

마찬가지로 부채가 있는 경우 미상환 잔액, 금리, 대출 조건 등을 수시로 파악할 필요가 있다.

신용 등급 또한 면밀히 확인해야 할 지표다. 그래야 자신의 소비 습관에서 귀중한 통찰을 얻을 수 있고, 부정 금융 거래로부터 자신을 보호할 수 있으며, 유리한 대출 조건(신용 등급이 높아질 경우)을 이용할 수 있다. 대개 나라마다 신용 조사 기관이 있으며 일반적으로 우수, 좋음, 보통, 나쁨, 매우 나쁨의 등급으로 점수를 매긴다. 물론 국가 별로 비슷하지만 조금씩 다른 시스템과 기관이 있을 수 있고, 신용 등급 표시 방식도 다를 수 있다.

마지막으로 중요한 지표가 자산 배분이다. 자산은 현금, 주식, 채권, 지분 또는 가치가 있는 모든 것을 지칭한다. 모든 자산의 성과가 다르고, 일부는 아주 위험하기 때문에 자산이 어떻게 분배되어 있는지를 수시로 파악하는 것이 바람직하다.

이 책 뒷장에서 이러한 지표를 자동으로 수집하고 재무 현황을 만드는 방법에 관해 배운다.

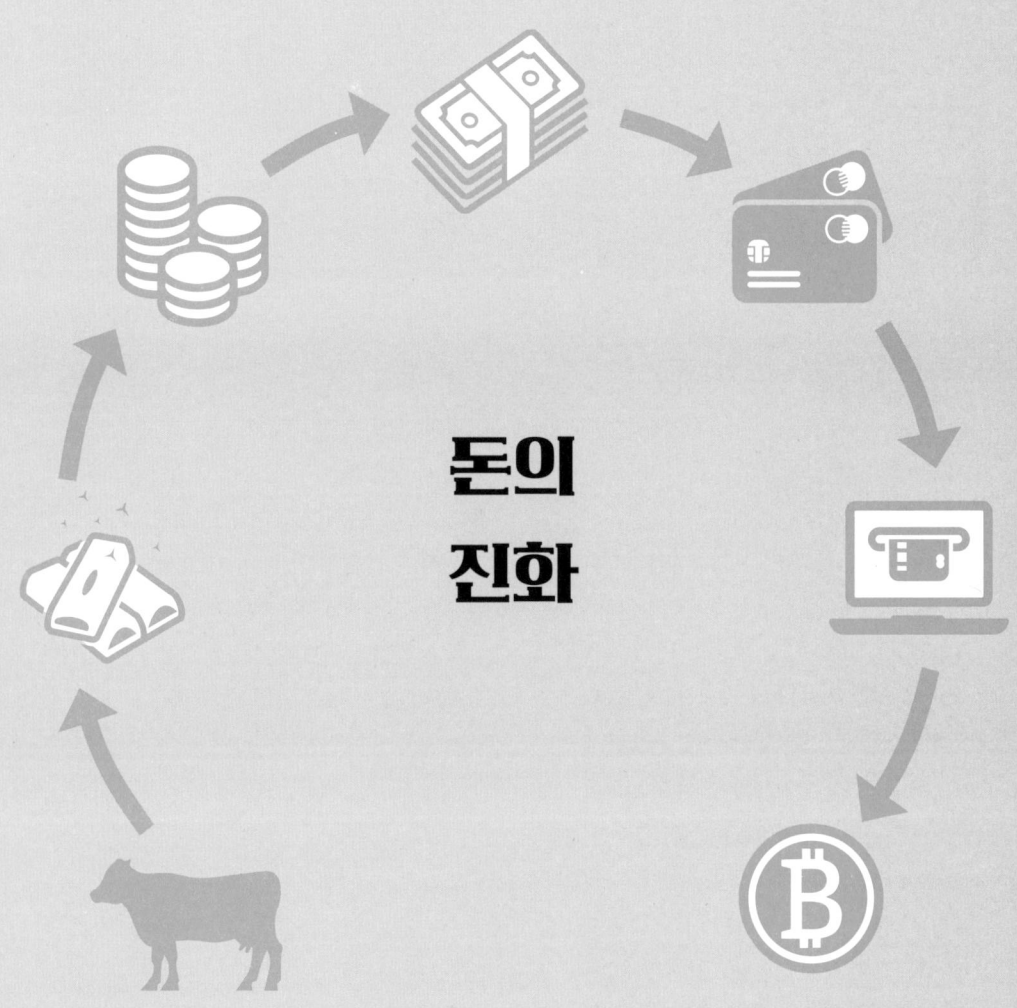

돈의 움직임

돈이란 무엇인가? 간단히 말해 가치가 있고, 단위로 계산할 수 있는 교환 매체다. 우리는 돈으로 상품 및 서비스에 대한 대가를 지불한다. 그러나 더 자세히 살펴보자. 여기 더 깊이 있는 돈 이야기가 있다.

최초 돈의 형태는 동물, 조개껍질, 보석용 원석 등이었다. 그로부터 귀금속, 동전, 심지어 보석으로 진화했다. 지폐(paper money) 또는 은행권(banknote)은 지난 몇백 년 사이에 비로소 사용되기 시작했다. 후자를 '대표 화폐(representative money)'라 하는데, 이는 지폐 혹은 은행권의 소유자에게 가치 있는 것의 지불을 약속한다는 의미다. 예를 들어, 20세기가 시작될 무렵 대부분의 주요 국가에서 채택한 통화 제도는 '금본위제'에 기반을 두고 있었다. 금본위제도에서 은행권이란 그 소유자에게 지불할 의무가 있는 금의 실제 수량을 나타냈다. 은행권은 무겁고 휴대하기 어려운 금보다 쉽게 옮기고 교환할 수 있었다.

1971년 미국 정부는 금본위제의 인정을 중단하고 '법정 통화(fiat currency)'를 사용하는 제도로 전환했다. 통화에는 내재 가치가 없다는 것이 대표 화폐와 가장 큰 차이다. 이 점에 주목해야 한다. 미국 달러는 이제 중앙은행인 연방준비제도(Federal Reserve)의 약속에 의해서만 보증된다. 대부분의 국가가 이 선례를 따랐고, 법정 통화가 오늘날의 통화 제도(예: 미국 달러USD, 영국 파운드GPB, 유럽 유로EUR, 한국 원KRW, 일본 엔JPY, 호주 달러AUD, 캐나다 달러CAD, 중국 위안CNY 등)를 지배하고 있다.

이제는 중앙은행의 정책에 따라 화폐 공급이 확대되고 축소된다. 화폐 공급이 확대되면 물가가 오르고 화폐의 구매력이 떨어진다. 이를 인플레이션이라 한다. 간혹 경기 침체를 피하기 위해 화폐 공급을 늘려야 한다고 주장하는 사람도 있지만, 이는 미래 세대에 문제가 된다고 반박하는 사람도 있다. 또한 어떤 사람들은 물가상승률이 통제할 수 없을 지경으로 치솟는 초인플레이션(hyperinflation)이 모든 국가에 발생할 것이라 주장하기도 한다.

특정 국가의 법정 통화를 얼마나 신뢰해야 하는지 결정하는 것은 개인의 몫이다. 투자자로서 우리는 꼭 해당 통화의 양이 아니라 가치 수익률을 극대화할 필요가 있다.

인플레이션의 영향을 관찰하기 위해 다수의 국가에서 소비자물가지수(CPI)를 산출한다. CPI는 매년 상품의 물가가 얼마나 더 올르고 내렸는지를 보여준다. 그래서 투자자는 인플레이션보다 높게 성장하는 자산에 투자하려고 노력한다. 주식, 사업, 부동산, 디지털 자산, 귀금속 등이 그것이다.

위험과 기회를 평가하는 방법을 배우는 것 또한 파이어 여정의 일부다. 상황을 보다 명확하게 인지할수록 자신의 돈으로 더 나은, 더 의도적인 선택을 할 수 있다.

부채

빚의 노예가 되지 말자

우리는 소비주의 문화가 팽배한 사회에 살고 있다. 소비주의는 부채와 금융을 미화한다. 지금 물건을 사서 즉각적인 만족을 얻고, 지불은 나중으로 미루라고 부추긴다.

듣기엔 꽤 좋은 거래 같지만 과연 그럴까?

조심해야 한다. 빚에 빠지기 쉽다. 빚을 다 갚는 순간까지, 우리는 빚의 노예가 된다. 가장 나쁜 상황은 열심히 일하고도 아무런 결과를 얻지 못하는 것이다. 일반적으로 부채는 상품 혹은 서비스 구매를 위해 '융자' 혹은 '대출'을 얻을 때 발생한다.

자동차를 사면서 자동차 가격의 전액을 결제하지 않는 상황을 가정해 보자. 은행이나 자동차 금융 회사에 융자 계획을 요청한다. 승인이 나면 소액의 계약금(일반적으로 가격의 일정 비율)만 지불하고 잔액은 지정된 기간(예: 60개월) 동안 매달 상환한다.

대출을 받는 대가로 빚진 금액과 이자를 갚는 데 동의하는 것이다. 이제 융자 계획의 종료 시점까지 돈을 갚아야 할 의무가 생겼다.

여기에 함정이 있다. 우리는 흔히 감정적으로 물건을 산다. 인간의 본성이다. 그리고 금융 거래와 관련하여 세부 사항을 간과하거나 전체 조건을 이해하는데 시간을 투자하지 않는다.

한 자릿수 퍼센트포인트가 커 보이지 않겠지만, 실제로 계산해 보면 시간이 지날수록 큰 부담이 된다는 사실을 알게 된다.

 파이어 팁

파이어 여정에서는 비싼 차에 돈을 낭비해선 안 된다. 결국 융자로 인한 지출이 늘어나고, 새 자동차는 빠른 속도로 감가상각된다. 괜찮은 중고차를 현금으로 사는 게 훨씬 낫다.

다양한 유형의 부채

빚이 생기는 가장 일반적인 형태는 신용카드를 이용한 구매다. 우리는 대부분 신용카드를 이용해 지금 당장 무언가를 구매하고 나중에 갚아 나갈 생각을 한다.

100만 원에 해당하는 가구를 산다고 가정하자. 신용카드로 결제하고 가구를 집으로 가져온다. 신용카드 회사는 구매 대금으로 100만원을 썼다고 알려준다. 그리고 결제일에 갚아야 할 잔액이 표시된 명세서를 보낸다.

결제일에 맞춰 신용카드 대금을 전액 갚으면, 즉 100만원을 모두 상환하면, 이자는 없다. 하지만 돈이 충분하지 않아서 일시불로 결제하지 못하거나, 돈이 있더라도 일시불로 결제하지 않은 경우, 우선 최소 금액을 지불하고 나머지를 할부로 상환하는 옵션을 갖는다. 할부 옵션을 선택하면 신용카드 회사는 미결제 잔액에 대한 (일반적으로 높은) 이자를 요구한다.

여기에 문제가 있다. 갚아야 할 잔액을 짊어진 채 매달 일정 금액을 상환하는 상황이, 곧 빠져나오기 힘든 깊은 함정에 자신을 가두는 것과 같다. 여기서 가장 무서운 부분은 엄청난 이자율이다. 우리는 지금 두 자릿수 이자율에 대해 이야기하고 있다!

신용카드 외에도 대학 등록금이나 생활비, 주택 구입비, 의료비 등을 조달하기 위해 부채를 이용하기도 한다.

소비를 위한 부채의 노예가 되지 말 것! 이렇게 하지 않으면, 파이어 여정이 조기에 중단된다.

이미 빚이 있다면 가능한 한 최대한 효율적으로 빠져나와야 한다. 물론 힘들 것이다. 하지만 해내야 한다.

알고 있었나?

일부 신용카드 회사는 사용자가 연체 없이 카드를 일정 기간 사용하면 현금처럼 사용할 수 있는 보너스 포인트를 제공하거나 현금을 환급해준다. 트래블 리워드(Travel Rewards)로 알려진 것을 활용하면, 해외여행이나 쇼핑을 할 때 최대 10%의 캐시백 혜택을 준다.

부채 청산 전략

이미 부채가 있다면 어떻게 해야 할까? 빚에서 벗어나는 전략을 소개한다.

파이어에 이르기에는 오랜 시간이 걸린다. 하지만 끝은 있다. 또한 빚을 다 갚고 나면 비로소 공격적으로 저축하고 투자하는 습관을 갖게 된다. 그 추진력을 마련하는 방법을 살펴보자.

부채와 관련된 의사결정을 할 때는 상환 조건과 이자율을 꼼꼼하게 살펴봐야 한다. 여러 유형의 부채에 발목이 잡혀있을 수 있고, 각각의 작동방식은 서로 다를 수 있으므로, 부채를 가장 효율적으로 청산할 수 있는 전략적 접근이 필요하다.

일련의 부채를 처리할 때 개인 재무 전문가들이 제시하는 가장 합당한 전략(아래 참조)을 참고하는 것도 방법이다.

이 외에도 다른 수단을 찾아볼 수 있다. 부채 청산 계획을 도와주는 비영리 기관 그리고 부채 상환 일정, 목표 날짜 등의 결정을 돕는 무료 온라인 계산기와 앱 등을 활용할 수도 있다.

눈덩이 전략: 먼저 가장 적은 금액의 부채를 갚는 데 집중하고, 나머지 부채는 최소한으로 갚는다. 그리고 나서 앞서 갚았던 금액만큼을 그다음으로 큰 부채 상환에 쓴다. 이 과정을 반복한다.

눈사태 전략: 먼저 높은 이자율의 부채를 갚는 데 집중하고 나머지 부채는 최소한으로 갚는다. 그리고 나서 그다음으로 이자율이 높은 부채를 갚아 나간다. 이 과정을 반복한다.

부채 통합: 간혹 (카드 혹은 개인 대출을 통해) 부채의 일부 혹은 전부를 낮은 이자율의 새로운 한 개의 부채로 통합할 기회가 있다. 이 경우 일반적으로 정해진 기간이 지나면 이자율이 높아지기도 한다. 따라서 부채 상환 기간을 잘 따져 현명하게 대처해야 한다.

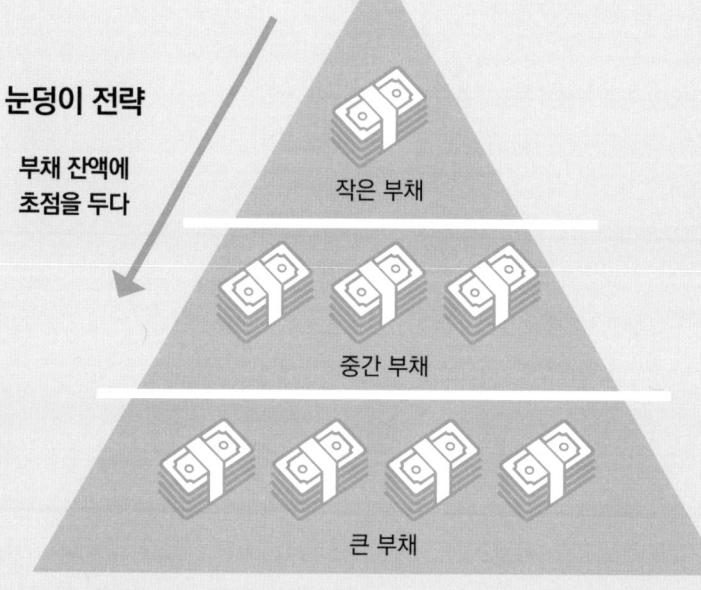
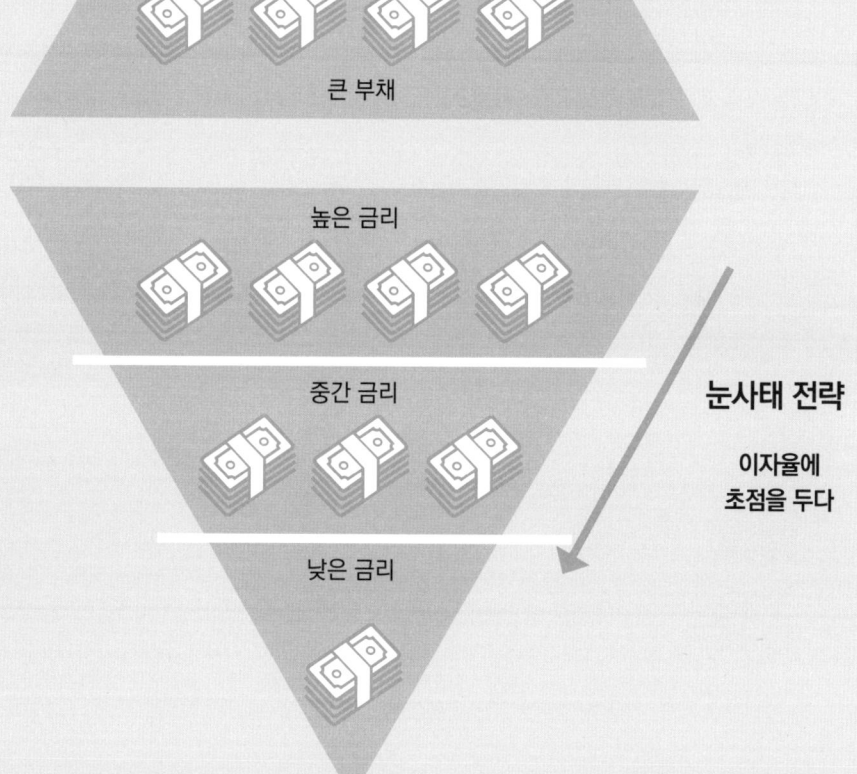

현금 흐름

소득

소득은 두 종류다. 능동 소득과 수동 소득.

소득은 파이어 여정의 혈액에 해당할 정도로 중요하다. 하지만 사람들은 회사에 취직해 월급을 받는 것 외에는 배운 적이 없다.

   어른들은 학교에 다니면서 공부를 열심히 하고 졸업 후 '좋은 직장'에 가라고 말한다. 직장은 직업의 기반이자 생활 유지에 필요한 주요 수입원이다. 직장 생활을 하며 더 많은 책임을 맡고, 더 많은 월급을 받고, 더 높은 직위에 오른다.

   그러나 이러한 유형의 소득 모델은 '모든 계란을 한 바구니에 담는 것'과 같다. 다시 말해, 해고를 당하거나 일을 할 수 없는 상황이 되면 유일한 소득이 중단된다.

   나는 삼촌들의 부가 한 가지 소득원에 기반하지 않음을 알았다. 자신이 직접 소득 활동에 참여할 필요가 없는, 여러 개의 소득 흐름을 만들어야 한다. 그렇다. 여러 가지 수동 소득을 만들라는 말이다.

여기, 우리가 생각할 수 있는 다양한 소득이 있다.

- 직업 소득
- 부업 소득
- 이자 소득
- 주식 배당 소득
- 수동 사업 소득
- 임대 소득
- 로열티 소득
- 아르바이트 소득

능동 소득은 일을 하거나 자신이 직접 서비스를 제공하여 버는 돈이다. 능동 소득을 위해서는 자신의 시간을 투자하거나 자신이 직접 참여해야 한다.

   수동 소득은 자신의 직접적인 활동 없이 벌어들이는 돈이다. 저축 계좌의 이자 소득은, 비록 저금리 환경에서는, 충분하지 않을 수 있지만 가장 대표적인 수동 소득이다. 이 외에 다른 것들은 준 수동 소득으로 불린다. 자신 소유의 부동산에서 거두어들이는 임대 소득도 준 수동 소득에 속한다.

   파이어를 향한 여정의 초기에는 능동 소득의 확보와 최적화에 중점을 둬야 한다. 이를 바탕으로 월 현금흐름을 늘린 다음, 초과 현금흐름으로 수동 소득을 만드는 자산에 투자해야 한다. 소득 흐름을 많이 창출할수록 좋다. 이것이 바로 경제적 자립을 가속하는 수단이다.

   이후 섹션에서 이러한 전략을 더 심도 있게 논의한다.

나는 어떻게 돈을 버는가? 워크시트

아래의 현금흐름 워크시트를 작성한다. 빈칸이 많아도 괜찮다. 나중에 소득의 종류가 늘어나면 다시 돌아와서 작성하면 된다.

나는 어떻게 돈을 버는가?
각각의 금액을 (0원인 경우에도) 기입한다.

능동 소득

연 소득

월 소득

연간 보너스

월평균 보너스

기타 부업 소득 (재택 사업, 오픈 마켓, 중고 거래 등)

아르바이트

수동 소득

연 소득

이자 소득

주식 배당금

연금

수동 사업 소득

임대 소득

로열티

상속

보조금 및 리베이트

선물

월평균 능동 소득은 얼마인가? 이것을 어떻게 늘릴 수 있는가?

월평균 수동 소득은 얼마인가? 이것을 어떻게 늘릴 수 있는가?

비용

비용은 물건 혹은 서비스의 대가로 쓴 돈이다.

우리는 늘 지출을 한다. 그래서 친숙하다. 무엇보다 소비 중심 문화가 돈을 마음껏 그리고 충분히 쓰도록 조장한다.

어디에 가장 많은 돈을 쓰는가?

경제적 자립은 수동 소득이 비용과 같거나 초과할 때 이루어진다. 따라서 소득뿐 아니라 비용이라는 주제를 이해해야 한다.

소득이 아무리 많아도 지출을 통제하지 못하면 부를 쌓을 수 없다. 비용 통제는 가시적인 성과를 내는 데 시간이 걸리는 소득 활동에 비해 즉각적인 효과를 낸다는 이점이 있다.

이후 섹션에서는 경제적 자립을 가속하는 수단으로 극단적 저축과 상대적 절약 개념을 논의할 것이지만, 지금은 돈에 대한 사고방식에 들어있는 자신의 몇 가지 신념을 되짚어 본다. 지출이나 비용에 대해 가졌던 부정적 신념이 있었는가?

어떤 사람은 비용이 '필요하다'고 말한다. 그러나 필요하다는 말은 일반적으로 현실이 아니라 신념과 관련 있다.

실제로 생존을 위해 '필수적인' 비용은 우리의 일반적 지출에 비해 놀랄 만큼 작다. 대부분의 비용은 사실상 '써도 그만 안 써도 그만'인 '임의적 비용'이다. 생존에 필수적이지 않다는 뜻이다.

그렇다고 해서 모든 임의적 비용을 없애야 한다는 말은 아니다. 지출을 계획적으로 해야 이롭다는 말이다.

지난달 사용한 비용을 기입해 보자.

비용 옆에 1에서 5까지 점수(1은 절대 필요한 비용, 5는 완전 임의적 비용)를 적는다.

예) 임차료: 100만원, 1(절대 필요)

임차료 _____

담보 대출 _____

수리 및 유지보수 _____

재산세 _____

식품 및 잡화 _____

외식 _____

공공요금 _____

물 _____

전기 _____

가스 _____

쓰레기/하수 _____

인터넷 _____

전화 요금 _____

교통비 _____

자동차 할부금 _____

자동차 연료비 _____   부채 상환 _____
자동차 정비 및 수리 _____   학자금 대출 _____
대중교통 _____   개인 대출 _____
종합건강검진 _____   기타 잡비 _____
건강보험 본인부담액 _____
의학적으로 필요하지 않은 치료나 수술 ___   **지난달 지출 기록을 적으면 어떤 생각이 들었는가?**
치료 및 약 구입비 _____
보험료 _____   _____
의료 보험 _____   _____
상해 보험 _____   _____
생명 보험 _____   _____
주택/임차인 보험 _____   _____
기타 개인 보험 _____
ATM 인출 금액 _____   **위에 기록한 것 이외에 인지하지 못한 다른 비용이 있는가?**
육아 비용 _____
반려동물 돌봄 비용 _____   _____
욕실/세면용품 _____   _____
교육비 _____   _____
선물(명절/생일) _____   _____
장난감 구입비 _____   _____
전자제품 구입비 _____
오락/유흥비 _____   **상대적으로 지출을 줄이기 쉬운 항목은 무엇인가?**
체육관 사용료 _____
영화 관람 _____   _____
휴가 _____   _____
저축 _____   _____
투자 _____   _____
자선 _____   _____
기부 _____

순자산

정의와 계산법

순자산은 현금흐름과 함께 파이어로 나아가는 상황을 파악하는 데 사용되는 중요한 지표다.

수십억 원의 재산을 갖고 있다고 해서 부자라 말할 수 없다. 그 재산의 가치보다 더 많은 빚이 있을 수 있기 때문이다. 이 같은 문제를 해결하는 방법이 순자산 개념을 이해하는 것이다.

> 순자산 = 자산 − 부채

순자산이란 소유하고 있는 모든 것의 가치에서 갚아야 할 가치를 뺀 것이다. 아래의 사례를 보자.

존의 사례:

자산
- 집: 5억원
- 주식: 2억원
- 현금: 1,000만원
- 자동차: 2,000만원
- 합계: 7억 3,000만원

부채
- 학자금 대출: 8,000만원
- 주택 담보 및 신용 대출: 2억원
- 자동차 대출: 1,000만원
- 신용카드 빚: 500만원
- 합계: 2억 9,500만원

> 순자산: 7억 3,000만원 − 2억 9,500만원 = 4억 3,500만원

순자산에 영향을 주는 것은?

존은 자신의 순자산이 4억 3,500만원이라는 사실을 알았다. 그러나 내년에는 어떻게 될까? 56페이지에 나온 현금흐름이 순자산과 밀접한 관계가 있다. 올해 현금흐름이 증가하고 더 많은 돈을 투자한다면 어떻게 될까? 더 많은 돈을 저축하기 위해 노력하면 어떻게 될까? 이런 활동이 순자산에 긍정적인 영향을 미칠까, 아니면 부정적인 영향을 미칠까?

돈과 시장의 움직임을 기억하는가? 존의 부동산과 주식 포트폴리오의 가치는 고정된 것이 아니다. 시장 변동에 따라 오르락내리락할 수 있다. 하지만 변동 추이에는 신경 써야 한다. 파이어를 추구하는 우리는 장기 투자자이기 때문이다. 일반적으로 자산 가치는 시간이 지나면서 오른다고 가정하는 게 좋다.

나의 순자산은 얼마인가? 워크시트

자신의 자산과 부채를 계산한다.
각각의 금액을 기입한다(없으면 0원으로 적는다).

자산

현금/저축:
_____

부동산(집):
_____

부동산(수익용 재산):
_____

연금 1:
_____

연금 2:
_____

연금 3:
_____

연금 4:
_____

회사 지분:
_____

자동차:
_____

기타:
_____

총계:
_____

부채

학자금 대출:
_____

자동차 대출:
_____

주택 담보 혹은 신용 대출:
_____

기타 부동산/재산 담보 대출:
_____

사업 관련 대출:
_____

기타:
_____

총계:
_____

내년에 순자산을 늘릴 수 있는 방법 세 가지를 적는다.
_____
_____
_____

순자산을 늘리기 위해 새롭게 할 수 있는 일을 적는다.
_____
_____

순자산 = 자산 − 부채
순자산 = _____ − _____ = _____

새로운 기술을 이용해 시간과 돈을 절약한다

기술은 시간과 돈을 모두 효율적으로 활용하게 도와주는 환상적인 파이어 도구다.

나는 어릴 때 부모님이 현금과 수표로 물건 값을 지불했던 기억이 난다. 그 당시 신용카드는 흔치 않았다.

지금은 대부분의 거래가 디지털 방식으로 처리된다. 물건이나 서비스를 제공받고는 신용카드나 직불카드를 건네주고 거래를 완료한다. 아니면 집에서 온라인으로 제품을 구매한다. 기술 덕분에 사고파는 일이 더 효율적으로 되었고 거래 시간도 빨라졌다.

투자하거나 저축할 때도 기술을 활용해야 한다. 기술로부터 도움을 받을 수 있는 방법을 알아보자.

1. **자신의 재무제표, 청구서, 영수증 등을 디지털화한다.** 책상 위는 깨끗할수록 좋다. 양면을 스캔할 수 있는 기기를 사용하거나 핸드폰 스캔 기능을 이용하면 물리적 공간을 줄이고 각종 자료를 영구적으로 보관할 수 있다. 특히 세금, 주택 구입 등과 관련된 각종 문서를 취합하고 처리하는 일이 편하고 쉬워진다.

2. **저축을 자동화한다.** 비상 자금을 마련하거나, 투자 자금을 모을 때 특히 유용하다. 은행에서 제공하는 각종 서비스와 앱을 이용하여 자동화 기능을 설정할 수 있다. 또한 수시로 설정을 바꿀 수 있다는 것도 장점이다.

3. **투자를 자동화한다.** 중견 기업이나 대기업, 공기업 등에 근무한다면 퇴직 연금에 가입할 수 있다. 자격이 된다면 바로 회사 관련 부서로 가서 가입 의사를 밝히면 된다. 퇴직 연금 자격이 없다면, 자신만의 은퇴 계획을 시작해야 한다. 다양한 금융기관 혹은 정부에서 운영하는 퇴직 연금 계좌를 개설하면 매월 지정된 금액을 자동으로 이체할 수 있다.

4. **온라인 계산기를 사용하여 시나리오를 만든다.** 온라인에서 제공되는 저축 및 투자 계산기를 활용하여 자신의 돈이 언제, 얼마나 불어나는지를 확인한다. 부채를 가장 효율적으로 상환하도록 돕는 온라인 계산 기능도 흔하다. 집이나 차를 구입한다면, 담보 대출이나 할부 계산기를 이용해 매월 지불액과 이자를 미리 파악하여 자신의 현금흐름에 미치는 영향을 예측할 수 있어야 한다.

5. **자신의 경제적 자립 지표를 추적한다.** 여기에는 예산과 지출 계획, 월별 현금흐름, 순자산 등이 포함되며 심지어 조기 은퇴 가능성에 대한 시뮬레이션도 가능하다.

알고 있었나?

기술은 훌륭한 도구가 되기도 하지만 문제를 일으키는 경우도 있다. 컴퓨터와 휴대폰, 태블릿 등이 널리 사용되고 있어서 '비생산적인 반복적 습관'에 빠지기 쉽다.

시간 추적 앱을 사용하여 실제로 어디에 많은 시간을 소비하는지 살핀다. 그러면 자유 시간의 대부분이 얼마나 비효율적으로 사용되고 있는지 알 것이다.

반가운 사실은 이런 문제를 알게 되면 허비되던 시간을 파이어 달성에 필요한 시간으로 바꿀 수 있다는 점이다.

새로운 기술을 이용해 파이어 숫자를 추적하는 방법

파이어 관련 지표를 추적하는 것은 자신의 파이어 여정을 측정하는 데 있어서 중요한 요소다. 과연 어떻게 하는 게 좋을까?

주의

처음부터 자동화 방법을 사용하라고 권하지는 않는다. 현금흐름과 순자산과 같은 개인 재무 지표가 생소한 사람은 먼저 무료로 제공되는 엑셀 혹은 구글 시트 프로그램을 이용해서 개인 예산 수립, 지출 및 소득 관리 등을 직접 해 보는 것이 좋다. 이를 잘 활용하면 각종 숫자에 익숙해지고 각각의 지표가 서로 어떻게 연결되는지 알 수 있다. 물론 이 책을 활용하여 각종 숫자와 익숙해지는 것도 큰 도움이 될 것이다.

이런 식으로 숫자를 직접 적어 나가는 것이 시간 허비처럼 보일 수 있지만, 절대 그렇지 않다. 직접 숫자를 적으면 기억력이 좋아지고, 뇌의 다양한 영역을 자극하여 인지 능력도 개선된다. 우리가 사용하는 재무 용어에 익숙해질 때까지 이 작업을 반복하는 게 바람직하다.

기초가 튼튼하면 다양한 프로그램과 도구를 더욱 유용하게 사용할 수 있다.

엑셀 또는 구글 시트

스프레드시트는 재무를 다루는 아마추어와 전문가 모두에게 오랫동안 유용한 도구였다. 간단해 보이는 사람도 있고 아주 복잡하다고 느끼는 사람도 있지만, 두 경우 모두 숫자를 정보로 바꾸는 데 큰 도움을 준다.

우선 자신이 쉽게 이해할 수 있는 시트를 골라 다운로드한다. 갖고 있는 게 없다면 내가 만든 사이트(https://www.financiallyalert.com)에서 예산 및 지출 관련 프로그램을 다운로드할 수 있다. 이것들은 모두 마이크로소프트 엑셀 또는 구글 시트에서 열리고, 위 자료를 참조하여 자신만의 것을 만들 수도 있다.

스프레드시트에서는 시각적으로 빠르게 식별할 수 있도록 수입과 지출을 색상으로 구분했다. 세로 줄은 소득과 비용을 자동으로 합산하고 월별 현금흐름을 산출한다. 하단에는 매월 추적할 수 있는 별도의 탭이 있다. 하나는 '예산' 수립에서 나온 숫자이고 또 하나는 '실제' 숫자다.

여기에서 예산이란 다가오는 달의 추정치를 기입하고, 그 범위 내에서 머물 것이라는 계획을 의미한다. 실제는 실제로 지출한 금액을 의미한다.

예산과 실제 숫자가 얼마나 차이 나는지를 잊지 말고 검토해야 한다. 이 일은 약간 지루할 수 있다. 물론 이런 작업을 좋아할 사람도 있고 그 반대의 경우도 있다. 하지만 스프레드시트로 숫자를 추적하는 일이 쉽게 느껴지기 시작한다면, 다양한 프로그램을 이용하여 자동화할 준비가 되었음을 의미한. 아래에 도움이 되는 온라인 앱을 몇 가지 적었다. 요즘에는 선택의 폭이 넓다. 몇 가지를 시도해 보고 어떤 것이 자신에게 가장 적합한지 확인한 후 사용한다.

예산 수립과 현금흐름

지난 수십 년 동안 개인 예산을 수립하고 개인 및 소규모 사업체의 재무를 관리하는 데 도움이 되는 다양한 소프트웨어가 나왔다. 최근에는 이들 대부분이 '클라우드' 안에서 돌아가도록 진화하면서, 자신의 데이터에 접근하는 일이 웹사이트나 앱에 로그인하는 일만큼 간단해졌다. 우리는 두 가지 방식으로 이 프로그램들을 사용할 수 있다.

- MiNT: 가장 인기 있는 예산 수립 도구(https://mint.intuit.com/)
- YNAB(You Need A Budget): 상세하고 활용도가 높은 도구(https://www.ynab.com/)
- PocketGuard: 예산 수립과 부채 조정에 좋은 구글 앱
- Quicken: 예산 수립과 세무 조정에 도움이 되는 도구(https://www.quicken.com/)

저축 및 투자 자동화 앱

- Acorns: 저축과 투자 혼합형 앱(https://www.acorns.com/)
- Chime: 저축 자동화 앱(https://www.chime.com/)
- Qapital: 개인 맞춤형 저축 앱(https://www.qapital.com/)

회계 소프트웨어

- Quickbooks: 회계 관리 소프트웨어(https://quickbooks.intuit.com/)
- Freshbooks: 회계 관리 소프트웨어(https://www.freshbooks.com/)
- Waveapps: 회계 관리 소프트웨어(https://www.waveapps.com/)

기술은 끊임없이 변한다. 앞서 소개한 사이트(www.financiallyalert.com/thefireplanner)에서 업데이트된 목록을 찾아볼 수 있다.

파이어 공식

파이어 달성에 정해진 공식이 있다면 좋지 않을까? 그대로 하면 될 테니 말이다.

그럴 수 있다. 이미 1장에서 살펴본 대로 경제적 자립은 수동 소득이 비용과 같거나 초과할 때 달성된다.

> 경제적 자립 = 수동 소득 = 비용

그렇다면 그 방법을 찾아보자.

첫째, 경제적 자립은 상대적이라는 사실을 기억해야 한다. 다시 말해, 그것은 자신의 연간 지출액에 따라 달라진다.

자신의 연간 비용을 산정하는 쉬운 방법은 1년 동안 월별 현금흐름을 추적하는 것이다. 또한 앞으로 1년간 발생할 비용에 관한 합리적 예측이 가능하다면 이를 쉽게 추정할 수 있다.

연간 지출을 5,000만원으로 한다고 가정해 보자. 그러면 경제적 자립은 아래 등식이 성립할 때 가능해진다.

자신의 수동 소득 = 5,000만원

수동 소득을 창출하는 과제를 해결하기 위해서는 몇 가지 시뮬레이션이 필요하다. 가장 일반적인 방법은 주식과 채권에 투자하고 '25 규칙'에 따라 돈을 얼마나 모아야 하는지를 산정하는 것이다.

25 규칙(일명 곱하기 25 규칙)

25 규칙은 은퇴를 위해 저축해야 할 대략적인 금액을 알려준다. 이는 경제적 자립을 추구하는 사람에게 유용하다. 방법도 쉽다. 자신의 연간 비용에 25를 곱하면 된다.

앞에서 말한 사례에서 필요한 생활비는 매년 5,000만원이다.

5,000만원 × 25 = 12억 5,000만원

이것이 은퇴에 필요한 금액으로 비축금 또는 파이어 금액이 된다.

이는 '4% 규칙'과 함께 작동한다.

4% 규칙

4% 규칙은 은퇴자가 원금을 고갈시키지 않으면서 매년 자신의 은퇴 계좌에서 인출할 수 있는 금액을 대략 보여준다.

이는 50년 동안 과거 주식 및 채권의 가격 변동을 연구한 것에 근거한다. 이 연구에서 4%의 인출률이면 33년 이내에 은퇴 자금이 고갈되지 않는 것으로 알려졌다.

이는 또한 인플레이션과 연동한다. 다시 말해, 시간이 지나면서 인출 금액이 물가상승률을 따라 함께 올라갈 수 있음을 의미한다.

25 규칙

투자할 금액	원하는 금액		
	일 기준	월 기준	연 기준
25억원	27만 5,000원	830만원	1억원
22억 5,000만원	24만 7,000원	750만원	9,000만원
20억원	21만 9,000원	670만원	8,000만원
17억 5,000만원	19만 2,000원	590만원	7,000만원
15억원	16만 4,000원	500만원	6,000만원
12억 5,000만원	13만 7,000원	420만원	5,000만원
10억원	11만원	330만원	4,000만원
7억 5,000만원	8만 2,000원	250만원	3,000만원
5억원	5만 5,000원	170만원	2,000만원
2억 5,000만원	2만 7,000원	83만원	1,000만원

4% 규칙

우리의 목표는 완벽이 아니다

4% 규칙과 25 규칙은 파이어 여정의 출발점이다. 이를 이용해 목표로 하는 파이어 비축금을 계산할 수 있다. 물론 이 규칙에 결함이 없는 것은 아니다. 이 간단한 공식들로는 계산할 수 없는 수많은 변수가 존재한다. 이 공식들이 대부분의 은퇴 시나리오에 적용되는 것은 사실이지만, 제대로 적용되지 않을 가능성은 늘 존재한다. 예를 들어, 조기 은퇴를 하자마자 경제가 장기간의 깊은 침체로 빠지면 어떻게 할 것인가? 이런 상황이라면 '수익률 순서의 위험(sequence of returns risk)'을 고려해야 한다.

하지만 너무 걱정하지 않아도 된다. 일단 파이어를 달성했다면 융통성 있게 다양한 대안을 검토할 수 있어, 최악의 시나리오가 실제로 큰 문제를 일으키지 않을 수도 있다. 연간 인출 금액을 낮추거나 아르바이트로 소득을 보충함으로써 위험을 완화할 수 있다는 말이다. 아니면 보수적인 자세로 연간 지출 비용의 30배를 저축하는 방법도 있다.

경제적 자립의 정의

나에게 필요한 파이어 금액은?

25 규칙을 적용하는 파이어 금액(일명 파이어 비축금) 산정 방법을 알았다. 이제 자신에게 적합한 숫자를 찾아보자. 앞서 말한 사례에서는 현재의 생활 방식을 유지하는 데 필요한 연간 비용을 5,000만원으로 정했다.

더 많이 쓸 경우

은퇴 후 연간 5,000만원의 지출이 만족스럽지 않는다면 어떻게 해야 할까? 여행을 좋아하는 사람이라면 지출 금액이 더 늘어날 것이다. 하지만 문제없다.

연간 1,000만원을 더 지출한다면 1,000만원을 추가하여 연간 지출액을 6,000만원으로 만들면 된다.

여기에 25 법칙을 적용하면 6,000만원 × 25 = 15억원이 된다. 이 숫자가 자신이 모아야 할 돈으로, 투자 포트폴리오에 포함되어야 한다.

덜 쓰는 경우

반대로 연간 5,000만원까지는 필요하지 않고 4,000만원 정도로도 충분하다고 가정해 보자.

25의 법칙을 적용하면 4,000만원 × 25 = 10억 원이 된다.

보다시피 연간 지출액 2,000만 원의 차이는 5억 원을 추가로 저축하느냐 마느냐의 의미다.

미래 생활비

이는 은퇴 후 부채가 없는 집에서 살 것인지, 월세를 내는 집에서 살 것인지에 따라 크게 달라진다.

일부 조기 은퇴자들은 캠핑카, 심지어 요트를 타고 다니면서 여생을 보내기도 한다.

경제적 자립에 빨리 도달하기 위해, 스스로 연간 생활비를 줄일 수 있는 다른 방법도 생각해 보자.

파이어와 미래의 가족

이 여정에 동행할 배우자 혹은 다른 중요한 사람이 있다면 그와 함께 70페이지를 읽고 필요한 내용을 기입해 보자. 그러면서 파이어가 제공하는 안락한 가능성을 얼마간 즐겨 보자.

자녀가 있으면 비용이 추가된다는 사실, 그리고 수명이 증가하고 있다는 사실도 고려해야 한다. 이 모든 것을 자신만의 파이어 공식에 반영하라.

마지막으로 어떤 유형의 파이어를 달성하고 싶은지 정한다. 알뜰형인가, 부유형인가, 아니면 그 사이 어디인가?

"'돈이 얼마나 많아야
은퇴할 수 있는가?'
라는 질문은 흔하다.
반대로, '돈이 얼마나 적어도
은퇴할 수 있는가?'라는
질문은 극히 드물다."

제이콥 룬드 피스커
earlyretirementextreme.com

자신의 파이어 금액 계산 워크시트

자, 이제 자신의 파이어 여정 대부분에 영향을 줄 파이어 계획 단계에 이르렀다

파이어 금액(비축금)을 얼마로 정할 것인가?

파이어 금액을 쉽게 정하는 사람이 있고 그 반대인 사람도 있다. 하지만 걱정하지 말자. 우리는 다양한 상황을 검토함으로써 자신의 계획에 가장 근접한 숫자를 정해서 목표로 삼으면 된다.

현금흐름을 추적하고 예산을 예측하면서 자신의 기준선을 정한다.

자신에게 적절한 파이어 금액 세 개를 생각한다.

1. 보수적 알뜰형 파이어 금액: 음식, 주택, 의료 등 아주 기본적인 비용을 지불하는 데 연간 얼마의 돈이 필요할까?

2. 표준형 파이어 금액: 기존의 생활 방식을 유지하는 데 연간 얼마의 돈이 필요할까? (월별 현금흐름을 참조해서 1년 치를 추적하고 예측한다.)

3. 부유형 파이어 금액: 기존 생활 방식의 유지에 더해 추가 여가 활동 및 임의적 소비를 위한 생활에 연간 얼마의 돈이 필요할까?

이러한 숫자를 떠올릴 때, 다양한 비용 및 소득의 원인과 결과를 상상하면 도움이 된다.

비용

- **주택:** 자신이 원하는 주택의 규모를 줄이면, 비용에 어떤 영향을 줄까? 생활비가 적게 드는 곳으로 이사하면 비용이 얼마나 줄어들까?
- **음식:** 외식을 지금보다 두 배로 한다면 비용에 어떤 영향을 줄까? 커피를 집에서 만들어 먹으면 어떨까?
- **의료:** 더 이상 일을 하지 않는다면, 의료 비용에 어떤 영향을 줄까?
- **교통:** 자동차 할부금이 끝나면 비용에 어떤 영향을 줄까? 직장에 가까운 곳에 살거나 멀리 사는 경우 교통비는 어떻게 달라지는가?
- **개인적 소비:** 자신의 어떤 임의적 소비 습관이 경제적 자립에 도달하는 것을 방해하고 있는가?

소득

- 현재 받는 급여가 15%, 25%, 심지어 50%까지 오르면 파이어 금액에 어떤 영향을 줄까?
- 소득을 늘리기 위해 부업이나 아르바이트를 하면 어떻게 될까? 이로 인해 전체 소득은 얼마나 증가하는가?
- 작년 소득의 두 배를 번다면, 여윳돈으로 무엇을 할 것인가?
- 투자 수익률이 연간 8%, 10%, 또는 20%인 경우 어떻게 변하는가? 이로 인해 자신의 파이어 금액은 어떤 영향을 받는가?

자신의 파이어 금액

보수적 알뜰형 파이어

금액 = _____

× 25 = _____

표준형 파이어

금액 = _____

× 25 = _____

부유형 파이어

금액 = _____

× 25 = _____

경제적 자립에 집중하기

복리

새로운 습관 만들기

파이어를 위한 저축

파이어를 위한 투자

파이어를 위한 부동산 투자

파이어를 위한 기업가 정신 발휘

4

파이어를 달성하는 방법

경제적 자립에 집중하기

여기까지 온 것을 환영한다.
이 장은 가장 효과적인 파이어 도구와 전략 공유에 초점을 맞추고 있다.

자신의 파이어 금액을 정하고(68~71페이지 참조) 나니 어떤 기분이 드는가? 경제적 자립을 실현할 생각에 설레는가? 자신이 생각하는 경제적 자립에 대한 새로운 신념이 생겼는가?

두렵거나 의심스러워도 괜찮다. 어쩌면 실제로 경제적 자립을 이루기 전에 '이룬 척' 해 보는 것도 도움이 된다. 물론 자신의 목표를 정하는 게 가장 중요하다.

이제 아래와 같은 신념이 생겼는가?

✓ 나는 내 경제적 운명을 완전히 통제하고 있다.

✓ 경제적 자립을 달성할 수 있다.

✓ 경제적 자립에 이르는 데 평생을 투자할 필요는 없다.

✓ 경제적 자립의 여정에서 얻는 것이 꼭 금전적인 것만은 아니다.

✓ 나는 더 이상 평균에 안주하지 않을 것이다.

✓ 경제적 자립은 내 운명이다. 어떤 것도 나를 막을 수 없다.

✓ 경제적 자립은 나와 가족, 친구 모두를 위한 목표다.

✓ 나는 경제적 자립을 이미 이룬 사람들의 전략과 전술을 활용할 수 있다.

결심은 부정적 신념을 무력화하고 긍정적 신념을 강화한다

확고한 결심은 자신의 성장을 제한하는 신념을 단기적으로 무력화한다.

이 책 여러 곳에 나온 파이어 사례로부터 영감을 얻어라. 그리고 이 사람들이 경제적 자립에 도달하기 전에 만들었던 사고방식을 배워라. 중요한 것은 운이나 기술이 아니라 당신의 선택이다. 그리고 당신도 그들과 똑같이 해낼 능력이 충분히 있다.

성장을 북돋우는 경제적 자립의 사고방식을 만들겠다는 결심을 해야 한다. 검증된 전략에 따라 행동을 취해야 한다. 파이어 달성이라는 목표에 도달할 수 있다는 신념을 가져야 한다. 그리고 더 많은 행동을 취할수록 더 강한 추진력을 얻게 된다. 그 과정에서 성장을 북돋우는 신념이 강화되고 장기적으로 자신을 이롭게 한다.

경제적 자립의 성공 사례를 본받는다

성공은 단서와 본보기를 남긴다. 이미 파이어를 달성한 사람들과 그들 각각의 여정을 면밀하게 연구하자. 이미 목표를 이룬 사람들을 본받으면, 시행착오 기간을 크게 줄일 수 있다.

물론 그렇다고 해서 실수가 없을 수는 없다. 하지만 줄일 수 있고, 그렇게 절약한 시간은 값을 매길 수 없을 만큼 소중하다.

자신에게 가장 적합한 경제적 자립의 가속 수단을 찾는다

이 장에서는 세 가지 놀라운 경제적 자립의 가속 수단을 소개한다.

1. 극단적 저축/투자
2. 부동산 투자
3. 기업가 정신

이 중 자신의 스타일과 일치하는 것은 무엇인가? 이 전략 안에서 창의력을 발휘하고 아이디어를 내어, 돈 버는 방법을 본격적으로 배워라. 이제부터 즐거운 탐색을 시작한다!

성공을 습관화한다

마지막으로 경제적 자립의 습관을 길러 자연스럽게 무의식적으로 실천하는 법을 배운다.

처음에는 느린 것 같지만, 힘들고 어려운 단계가 지나면 복리(compound interest)의 마법이 우리의 돈을 저절로 불려준다.

새로운 소득을 만들고, 의도적으로 저축하고, 효율성을 높일 때다.

자, 가자!

파이어!

복리

파이어에 있어서 가장 중요한 요소, 마법과 같은 복리

"돈이 당신을 위해 일하게 하라"는 말을 들어봤을 것이다. 이 말은 정확히 어떤 의미일까? 돈이 어떻게 우리를 위해 일할 수 있는가? 이 질문에 대한 답은 바로 복리다.

이미 앞에서 여러 번 언급했지만 시간을 들여 복리에 관해 좀 더 자세히 알아보자.

복리를 가장 쉽게 이해할 수 있는 말은 "이자에 이자가 붙는다"이다. 복리는 돈이 저절로 증식하면서 별다른 노력 없이도 부를 키울 수 있게 한다. 이것이 바로 마법과 같은 복리 효과로, 복리가 파이어에 있어서 가장 중요한 요소인 이유다. 사례를 들어 좀 더 자세히 살펴보자.

> **복리** = 최초 원금의 누적된 이자. 일정 기간 발생한 이자와 최초 원금을 더한 합계 금액이, 다음 기간의 원금이 되어 이자를 계산함.

최초 원금 = 1,000만 원

이자율: 연 10%의 수익률 | **기간:** 5년

오늘 = 1,000만원
1년 차 = 1,000만원 + 100만원(1,000만 원에 대한 이자) = 1,100만원
2년 차 = 1,100만원 + 110만원(1,100만 원에 대한 이자) = 1,210만원
3년 차 = 1,210만원 + 121만원(1,210만 원에 대한 이자) = 1,331만원
4년 차 = 1,331만원 + 133만원(1,331만 원에 대한 이자) = 1,464만원
5년 차 = 1,464만원 + 146만원(1,464만 원에 대한 이자) = 1,610만원

최종 원금 = 1,610만원

어떤가? 5년 동안 610만원이라는 건강한 돈이 생겼다. 하지만 진정한 마법은 이 기간을 훨씬 더 멀리 확장할 때 일어난다. 10년이면 1,000만 원의 원금이 어떻게 될까? 20년이면? 심지어 30년이면 어떻게 될까?

10년차 = 약 2,600만원   20년차 = 약 6,730만원   30년차 = 1억 7,450만원 와우!

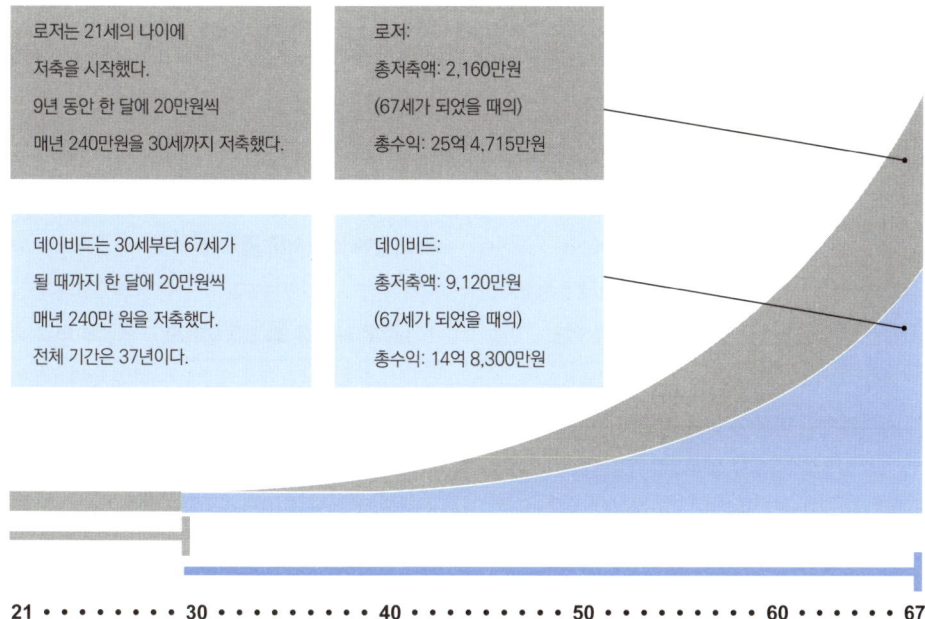

이 이야기의 교훈, "일찍 시작하라!"

위의 도표는 바로 지금 시작하는 것이 왜 중요한지를 보여준다. 일찍 시작할수록 좋다. 이것이 바로 부자가 부자로 남고 가난한 사람이 계속 가난한 상태로 남는 이유다.

복리는 역으로도 작용할 수 있다. 신용 카드 빚에 관한 부분을 기억하는가? 미결제 잔액을 점검하지 않은 채 그냥 불어나도록 방치했다가는 빠져나올 수 없는 빚의 구덩이 속에 갇힌 자신을 발견하게 된다.

72 규칙

복리는 경탄할 만하지만, 머릿속으로 로그 함수를 계산할 수 없는 우리에게 이해하기 힘든 개념일 수 있다.

따라서 72 법칙이라 불리는 훌륭한 도구를 이용해, 고정된 연간 수익률로 돈을 두 배로 늘리는 데 대략 얼마나 시간이 걸릴지 계산해 보자.

최초 투자액을 두 배로 늘리는데 걸리는 시간
= 72 / 연간 수익률 = 연수

주식 시장에 100만원을 투자하여 연간 10%의 수익을 기대한다고 가정해 보자. 자신의 돈이 두 배로 늘어나는 데 걸리는 시간은 얼마나 될까?

72를 10으로 나누면 최초의 원금 100만원은 7.2년 후 두 배가 되는 것으로 계산된다.

새로운 습관 만들기

인간은 습관의 동물이다. 그래서 사람들은 대개 똑같거나 비슷한 행동을 반복하는 경향이 있다.

습관이란 자신이 하는 모든 행동에 관해 곰곰이 생각하지 않고도 하루를 살아가도록 돕는다. 그렇지 않으면 생각하는 데 너무 많은 에너지가 필요하다. 우리는 더 효율적으로 살겠다는 필요에 의해 습관을 만든다.

습관의 힘은 믿을 수 없을 정도로 강력하다. 습관이 우리의 많은 행동을 통제하고, 그 행동은 결과로 이어지기 때문이다.

대부분의 경우 습관은 우리를 이롭게 한다. 아침에 일어나서 하는 루틴이 그것이다. 이를테면 화장실에 가고, 샤워하고, 이를 닦고, 하루를 준비한다. 이런 습관 덕분에 우리는 최소한의 생각으로 루틴을 행한다. 좋은 습관으로 우리는 좋은 개인위생을 이어가고 활기찬 하루를 준비한다.

물론 도움이 되지 않는 나쁜 습관도 있다. 흡연이나 과음, 과식 등이다. 이런 행위는 일시적 만족을 줄 수 있으나, 결국 좋지 않은 결과를 초래하고 건강을 해친다.

습관과 관련하여 중요한 규칙이 있다. 이는 파이어 여정에 있어서도 중요하다.

1. 실행하기 쉬운 습관을 만든다 – 습관이 너무 복잡하거나 과도한 노력을 필요로 하면 습득하기 어렵다. 가능하면 단순하게 유지하는 것이 좋다.

2. 만족 – 단기적 만족감을 느끼면, 습관을 지키고 싶은 마음이 커진다. 그달의 저축 목표를 달성했다면, 자신에게 작은 선물을 사주거나 아이스크림을 먹는 등 수시로 축하한다.

3. 습관 쌓기 – 새로운 행위를 습관으로 만들고 싶으면, 기존 습관 위에 그것을 쌓아 올리는 게 좋다. 예를 들어, 이미 양치질을 할 거라는 걸 알고 있다면, 욕실 거울에 새로운 습관을 적어 매일 아침 볼 수 있게 하는 것이다.

4. 공개적 언약 – 새로운 습관 만드는 행위를 사회적 이벤트로 활용한다. 즉, 자신의 목표를 공개적으로 선언하는 것이다. 사람들이 나를 지켜보고 있다는 것을 의식하면, '동료 집단 압력(peer pressure)'이 생겨 도움이 된다.

5. 고통과 즐거움 – 습관의 한 요소인 만족(즐거움)을 앞서 언급했지만, 고통 회피도 습관을 시작하는 강력한 동기가 된다.

자신의 좋은 경제 습관은 무엇인가? 개선을 통해 더 큰 효과를 얻을 수 있는 습관은 무엇인가?

효과적인 경제 습관이라고 해서 너무 거창하고 어려울 필요는 없다. 다음에서 이번 주에 바로 시작할 수 있는 것은 무엇인가?

- 월 소득 검토하기
- 월 지출 검토하기
- 매주 개인의 재무 관리와 관련된 기사 읽기
- 투자 클럽에 가입하기
- 매주 투자에 관한 유튜브 영상 시청하기
- 가계부 혹은 금전 출납부 기록하기

자신만의 아이디어를 몇 가지 추가한다.

자신의 나쁜 경제 습관은 무엇인가? 이것으로 인해 지금까지 어떤 부작용이 있었는가? (판단하지 말고, 자신의 미래를 생각하며 솔직하게 적는다.)

파이어를 위한 저축

이제 자신의 파이어 금액을 알았다면, 이를 현실로 만들 수 있는 도구와 전략을 면밀히 살펴볼 때다.

우선 저축이 파이어 여정의 출발점임을 알아야 한다.

시간당 1만 원을 벌든, 10만 원을 벌든 상관없다. 지출보다 더 많이 저축하지 않으면 파이어 금액에 도달할 수 없다.

다소 어처구니없는 말로 들리겠지만, 이런 일은 생각보다 빈번하다. 파산한 유명 인사의 사례를 보자.

- **마이클 잭슨**은 세계적 음악가로서 수천억원을 벌었지만, 사망하기 전 큰 부채로 파산에 직면했다.
- **마이크 타이슨**은 세계 최고의 권투 선수로 선수 생활 동안 4천억원 넘게 벌었으나, 2003년에 230억원의 빚을 졌다.
- **린제이 로한**은 당대 최고의 수입을 올린 여배우로서 수십억원을 벌었으나, 돈을 흥청망청 쓰는 소비 습관이 발목을 잡아 번 돈을 다 날리고 2012년 파산 신청을 했다.

이들은 신문의 헤드라인을 장식한 유명 인사의 일부에 불과하지만, 이런 일은 우리 사회에 허다하다. 왜 이런 일이 일어날까? 부분적인 책임은 우리를 향해 물밀듯이 밀려오는 소비주의에 있다. 알다시피 TV와 영화, 광고, 대중문화 등이 늘 소비를 찬양한다.

저축, 가장 먼저 자신에게 지불하는 행위

저축을 바라보는 하나의 기발한 방식은 "저축을 가장 먼저 자신에게 지불하는 행위"로 보는 것이다. 이렇게 새로운 관점에서 보면, 자신의 저축을 다른 무엇보다 우위에 두게 된다. 다시 말해, 자신이 다른 모든 지출보다 우선 순위에 오르는 것이다.

전통적 재무 전문가라면 연간 소득의 15%를 저축하라고 권한다. 괜찮은 출발점이기는 해도, 이런 속도로는 파이어 여정이 더딜 수밖에 없다. 충분한 시간이 남았을 때, 복리가 어떤 역할을 하는지 우리는 확인했다. 가능한 한 빨리, 최대한 많이 저축하는 것이 유리하다.

저축이 말처럼 쉽지만은 않다. 이미 월별 지출 목록을 작성하기 시작했는데, 항목과 지출 금액이 생각보다 많아 고민인가? 뭐든 줄이는 게 불가능해 보이기도 한다. 하지만 속지 말자. 성장을 제한하는 신념이 우리를 부추기고 있는 것이다.

진실은 행복하고 건강한 생활 방식을 영위하면서도, 소득의 상당 부분을 저축할 수 있다는 사실이다. 가능성을 찾고 싶다면 자신의 가장 큰 세 가지 지출을 찾아내고 이를 줄일 수 있는지 확인하자.

아니면 자신의 소득을 살피고 수입을 늘리기 위해 할 수 있는 일이 무엇인지 알아보자. 두 방법을 통해 지금보다 더 많이 저축할 수 있다. 그런 다음 예산 수립과 자동화를 이용해 잉여금을 저축과 투자에 배분하면 된다.

만족 지연

공격적인 저축 방법을 배우는 것은 기술을 배우는 것과 같다. 이미 터득한 사람들이 있으니, 당신도 할 수 있다.

일명 미스터 머니 콧수염으로 불리는 피트의 천재성을 기억하는가(23페이지 참조)? 쾌락 적응은 삶에 큰 변화가 있더라도 유사한 수준의 행복으로 되돌아가는 경향이다. 그 의미는 지출이 일정 수준을 넘어가면 더 이상의 행복을 느끼지 못한다는 것이다.

이것을 이해했으니, 소비를 통해 행복을 좇는 일을 멈출 수 있다. 우리는 소비로 행복을 느끼기 어렵다. 소비로 인한 보상이 환상이라는 것을 알면서도, 왜 계속 '물건'을 구매하며 만족을 추구하는가?

> "규칙적인 노력에는
> 큰 보상이 따른다."
> 짐 론

이와 관련해 '등잔 밑이 어두운' 비밀이 있다. 부(riches)는 '만족 지연(delayed gratification)에 있다는 사실이다. 스탠퍼드대학교가 수행한 40년에 걸친 연구에 의하면, 만족 지연을 실천하는 사람이 더 많이 성공하는 것으로 밝혀졌다. 이는 파이어와 돈, 그리고 더 나아가 건강과 전반적인 웰빙에도 적용된다. 주위를 둘러보자. 당신은 어떤 사람을 성공했다고 보는가? 그들이 경탄할 만한 성과를 이루는데 만족 지연을 이용했는가?

저축하는 법을 배우고 익히는 게 처음에는 불편하게 느껴질 수 있다. 괜찮다. 알고 보면 자신의 미래에 투자하기 위해 훈련하고 성장한다는 의미다. 시간이 지날수록 덜 불편해질 것이고, 자동화 기능을 이용하여 저축을 하면 신경 쓸 필요조차 없어진다. 습관이 확실하게 자리 잡으면서 파이어 금액 달성에 필요한 추진력이 생긴다.

> "훌륭한 투자는
> 엄청난 만족 지연을
> 필요로 한다."
> 찰리 멍거

대륙 횡단 자동차 사례를 기억하는가? 어떤 종류의 차를 운전하고 싶은가? 느리더라도 편안한 것이 좋은가, 아니면 목적지에 가장 빨리 도착할 수 있는 가볍고 군더더기가 없는 고속 차량이 좋은가?

과잉 지출 제거하기

사람들은 종종 어떤 것에 얼마를 지불하고 있는지 잘 모른다. 다음과 같은 영역에서 만족의 일부를 지연해 보면 어떨까?

- '굴레에서 벗어난다.' – 유료 방송 구독을 중단하고 무료 인터넷 방송을 이용한다.
- 한 달 정도 '지출 안 하기'에 도전한다.
- 불필요한 물건을 팔아 치운다.
- 집을 줄인다.
- 생활비가 낮은 지역으로 이사한다.
- 자동차를 없앤다.
- 중고품이나 진열 상품을 구매한다.
- 외식을 아예 안 하거나 최소화한다.
- 편의점에서 사 먹는 습관을 버린다.
- 자신이 먹을 것을 손수 기른다

실질적으로 매달 얼마를 절약할 수 있는지 확인하자.

계획적 지출

만족 지연은 자연스럽게 계획적 지출로 이어진다.

지출에 깊은 관심을 기울이지 못하면, 자신도 모르게 그 항목이 늘어나고 구입한 물건의 목적도 잊어버리는 경우가 있다.

계획적 지출이란 목적을 갖고 구매하는 행위다. 구매를 통해 만족을 극대화하는 가장 효율적인 방법은 무엇인가?

효용

경제학에서는 이를 '효용'이란 용어로 설명한다. 효용이란 재화나 서비스를 소비함으로써 얻는 만족감이다. 여기에 관심을 기울인다면 구매를 통해 보다 강화된 만족을 얻고, 특정 지출이 큰 만족을 주지 못한다는 사실을 깨닫게 된다.

> "가치 있다고 여기는 것에는 아낌없이 지출하고, 그렇지 않은 것에는 가차 없이 줄여라."
>
> **라밋 세티 『부자가 되는 법을 가르쳐 준다 (I Will Teach You to Be Rich)』에서**

자신의 삶에서 어떤 구매 활동이 가장 큰 효용(만족)을 주는가?

_____
_____
_____
_____
_____
_____
_____
_____

그런 구매에서 어떤 느낌을 받는가?

_____
_____
_____
_____
_____
_____
_____
_____
_____
_____

자신의 구매 유형을 살펴보자. 대부분 소비 품목인가, 자산인가, 여행인가, 교육인가?

어떤 유형의 구매가 다른 유형의 것보다 더 좋거나 더 나쁜 이유가 있는가? 그게 무엇인가?

계획적 지출을 위한 아이디어

- 월별 현금흐름을 검토한다. 모든 지출이 다 필요했는가? 기회비용(해당 지출로 인해 포기한 지출)은 어떤 것이 있는가?
- 특정 물품의 구매 간격을 길게 늘이는 것을 고려한다.
- 긴축 예산을 세우고 이를 고수한다.
- 특정 물품을 구매한 뒤 후회했다면, 이를 통해 배운다.
- 더 저렴한(또는 공짜) 대안을 찾는다.

감정적 구매

우리의 구매 활동 95%가 무의식적으로 이루어진다는 사실을 알고 있는가? 이는 감정이 구매를 결정하기 때문이다. 우리의 진짜 욕망을 이해하기 위해 다음과 같은 질문을 자신에게 해 보자.

이렇게 질문한다.

- 내가 이것을 원하는 진짜 이유는 무엇인가?
- 내가 이것을 사서 얻는 감정은 무엇인가? 행복인가, 인정인가, 흥분인가?

소득 가속화

절약, 저축, 비용 절감에 대한 조언은 차고 넘친다. 저축에 관한 기발한 '꿀팁'과 방법 그리고 관련 도구 또한 많다. 이들 대부분은 저축 습관을 가속하는 방법에 집중하고 있다.

한 가지 문제는 저축할 수 있는 자원이 유한하다는 사실이다. 다시 말해, 우리가 저축할 수 있는 돈은 제한되어 있다.

이 방정식의 반대편에는 소득이 있는데, 여기에는 제한이 없다. 다시 말해, 거의 무한하게 소득을 늘릴 수 있다는 말이다.

시간의 한계로 소득이 제한된다고 주장하는 사람이 많다. 그러나 투자법을 배우거나 기업가가 된다면, 자신의 시간을 사용하지 않고도 돈을 벌 수 있다.

현금흐름은 소득에서 지출을 뺀 값이다. 그렇다면 소득을 25%, 50% 또는 두 배로 늘린다면 어떻게 될까? 지출을 동일하게 유지한다면 현금흐름은 그만큼 증가한다.

통상적인 재무 조언에서 자주 등장하는 것처럼, 수입의 15%를 저축하고 있는 사람이 있다고 가정하자. 그 사람이 이 책을 읽고 나서 공격적인 저축을 하기로 결심하고, 월 지출의 10%를 추가로 삭감하여 이듬해에 소득의 25%를 저축한다. 더 많이 삭감할 수도 있겠지만 그렇게 되면 삶이 매우 불편해질 것이다. 따라서 25%가 그의 현재 저축 한계치가 된다.

하지만 소득에 집중해 보자. 부업을 해서 1년 동안 15%의 추가 소득을 올리고, 그다음 해에 더 나은 성과를 거두어 추가로 소득을 10% 늘린다고 가정하자.

0년 차 = 저축액 = 15%

1년 차 = 저축액 = 15% + 10% = 25%(지출을 10% 줄인 경우)

2년 차 = 저축액 = 25% + 15% = 40%(소득을 15% 늘린 경우)

3년 차 = 저축액 = 40% + 10% = 50%(소득을 10% 늘린 경우)

이렇듯 점증적 변화를 통해 실질 저축률을 시작 시점으로부터 최대 50%까지 높일 수 있었다.

소득을 높이는 창의적인 방법

소득을 높이는 기회는 많다.

현재 자리에서 생각해 보자. 마지막으로 월급이 인상되었던 때가 언제인가? 지금 월급 인상을 요청할 수 있는가? 추가로 어떤 기술을 익히면 더 많은 급여를 받을 수 있는가? 자신이 회사에 꼭 필요한 인재가 되어, 회사가 기꺼이 더 많은 급여를 주게 만들려면 어떻게 해야 할까?

소득 가속화를 현재 자신이 하고 있는 일에서만 찾을 필요는 없다. 부동산 투자를 배우거나 기업가가 되어도 소득 가속화가 가능하다.

소득을 늘리거나 가속하는 방법은 수없이 많다. 그 방법을 찾고 필요에 기꺼이 부응하면 된다. 앞으로 이 주제에 관해서는 더 자세히 다룬다.

추가 소득 워크시트

자신의 소득을 늘릴 수 있는 방법 다섯 가지를 찾아 적는다.

다양한 소득 가속화 기회를 평가하여 어떤 것이 자신에게 최고의 투자 수익을 제공할지 따져본다. 어떤 기술을 익혀야 하는가?

다섯 가지 중에서 무엇이 당신을 가장 설레게 하는가?

당신의 기술이나 재능을 이용해 추가 소득을 올릴 수 있는 것은 무엇인가? 현재 활용하고 있는 기술이나 재능, 혹은 아직 활용하지 못하고 있는 기술이나 재능을 모두 적는다.

비용 절감을 위한 이주

어느 곳을 거주지로 선택하든, 해당 지역과 관련된 특정 비용이 발생한다는 사실을 알아야 한다. 그리고 한 곳에 너무 오래 살다 보면, 비용이 적게 드는 다른 대안이 있다는 사실을 잊곤 한다.

돈을 절약하는 방법으로 생활비가 적게 드는 지역으로의 이사를 생각할 수 있다. 현재 살고 있는 동네에서 집을 옮길 수도 있고, 먼 지방으로 갈 수도 있으며(국내 이주), 아예 다른 나라로 옮기는 극단적인 방법도 있다(글로벌 이주).

팀 페리스는 자신의 책 『주 4시간 근무(The 4-Hour Work Week)』에서 태국과 파나마, 아르헨티나 등의 나라로 이주하여 생활비를 줄인 사례를 보여주었다. 팀은 이들 국가에 거주하면서 미국에 비해 훨씬 낮은 비용으로 삶의 질을 높였다. 물론 글로벌 이주가 극단적으로 보일 수 있으나, 영구적인 주거 환경의 변화가 아니라는 사실을 잊지 말자. 더 중요한 것은 자신이 흔쾌히 받아들일 수 있는 삶의 질과 일치하는 지역을 찾아야 한다는 것이다.

비용 절감을 위한 국내 이주의 경우, 역시 적절한 지역을 찾는 것이 쉽지만은 않다. 먼저 다음 질문에 답할 수 있도록 충분한 조사를 한다.

- ✓ 자신의 직업이 지역에 영향을 받는가? 그렇다면, 지역에 영향을 받지 않게 할 수 있는가?
- ✓ 훨씬 낮은 비용으로, 현재 익숙한 생활 방식과 비슷한 수준을 유지할 수 있는 지역인가?
- ✓ 이사하려는 지역이 각종 세금과 정부 보조금에 있어서 현재 사는 지역과 차이가 있는가?
- ✓ 비용 절감 효과가 가장 큰 지역은 어디인가?
- ✓ 이사한다면 자녀 양육에 들어가는 비용이 줄어드는가?

이런 질문에 답을 찾기 시작하면 상당한 비용 절감이 가능하다는 사실을 알게 된다. 비용 절감을 위한 이주는 파이어를 추구하는 사람과 조기 은퇴한 사람 모두 선호하는 방법이다. 하나의 구체적인 예를 통해 더 자세히 살펴보자.

찰리는 아내, 어린 딸과 함께 LA 도심에 있는 침실 2개짜리 아파트에 살고 있다. 임차료는 월 300만 원이다. 원격 근무가 가능한 유연한 직업을 갖고 있다고 가정해 보자. 찰리는 삶의 질이 비슷한 여러 도시를 조사, 분석한 후 이런 사실을 알았다.

거주지 캘리포니아주, 로스앤젤레스	거주지 플로리다주, 탬파베이
월급 670만원 연봉 8,000만원	월급 670만원 연봉 8,000만원
소득세 73만원/월 (연봉 X 세율 11%) = 880만원/연	소득세 73만원/월 (연봉 X 세율 11%) = 880만원/연
주민세 등 각종 세금 62만원/월 (연봉 X 세율 9.3%) = 744만원/연	주민세 등 각종 세금 0원/월 (연봉 X 세율 0%)
임차료 300만원/월 (침실 2개 아파트)	임차료 138만원/월 (침실 2개 아파트)
음식 80만원 교통비 35만원 의료비 80만원 수도 전기 등 공공요금 30만원	음식 80만원 교통비 35만원 의료비 80만원 수도 전기 등 공공요금 30만원
총비용 660만원/월	**총비용 436만원/월**
저축을 하거나 부채 상환을 위한 잉여 금액 = 10만원, 월 1.5%	저축을 하거나 부채 상환을 위한 잉여 금액 = 224만원, 월 34%

대단하다! 찰리는 저축을 거의 하지 못하다가 소득의 34%를 저축할 수 있게 된다. 그런데 여기서는 세금과 주택비용 절감만을 고려했다. 음식과 교통비도 더 낮출 수 있다. 오늘날의 디지털 세상에서는 원격 근무를 선택하고 거주지를 옮겨 비용을 절감하는 선택이 가능하다.

사례 연구
비용 절감을 위한 이주

짐은 엔지니어지만 다른 사람보다 빨리 중간 관리자가 되었다. 하지만 시간이 지날수록 자신의 일이 더 이상 즐겁지 않았다. 오히려 따분했다. 회사 사무실 의자에 앉아 인생을 허비하고 있는 것 같았다.

그는 일찍 은퇴하는 방법을 찾기 시작했다. 일하기 싫어서가 아니라, 파이어가 약속하는 자유와 자율을 갈망해서다. 게다가 회사에 나오면 아내, 딸과 떨어져 있게 되는 것이 싫었다.

검소한 짐은 소득의 60%를 저축했다. 상당한 돈을 모았지만, 의사나 변호사가 버는 것과는 거리가 멀었다. 하지만 짐은 사치를 부리지 않고, 삶에 만족하면서, 더 많은 생활비를 절감하기 위해 해외 이주를 고려했다.

투자 포트폴리오가 12억원에 이르자 짐은 가족과 함께 파나마로 이주했다. 의료 서비스 비용을 고려하면 미국 달러가 파나마에서 훨씬 더 큰 가치를 발휘한다는 사실을 알았고, 연간 4,800만원 정도의 돈으로 생활비를 충당할 수 있을 것이라 판단했다.

그가 25 법칙에 부합하는지 빨리 계산해 보자.

4,800만 원 × 25 = 12억 원

짐이 족집게였던 것으로 보인다. 그렇다고 이사를 한 뒤, 하루 종일 해변에 앉아 시간을 보낼 생각은 아니었다. 블로그와 부동산 임대로 수입을 보충하는 부업을 했다.

짐이 해외로 이주하면서 절감한 비용의 내역은 다음과 같다.

식료품 비용이 덜 든다 – 짐은 이곳에서 아이스크림 콘을 600원, 신선한 파인애플을 500원에 구입하고 저녁 식사 3인분을 1만 3,000원에 해결한다.

자동차가 필요 없다 – 택시비가 싸며, 애매하면 걷는다.

임차료가 저렴하다 – 가구가 완비된 아파트 월 임차료가 110만원에 불과하다.

홈스쿨링 – 짐과 아내는 딸을 직접 교육하며 딸과 함께 시간을 보낸다.

공공요금 – 전기, 난방, 냉방, 수돗물, 쓰레기 처리 등의 비용이 미국의 30%에 불과하다.

짐은 면밀한 조기 은퇴 계획을 세웠고 각종 세금을 고려했다. 그는 퇴직 연금 조기 인출을 이용하여 자금을 미리 당겨 쓸 계획이다.

물론 짐과 그의 가족은 원할 때 언제든지 미국으로 돌아갈 수 있다.

"저축을 제외하면
뭐든 많이 배우는 것이
경제적 자립의 가장 중요한 열쇠다.
그것은 우리를 행동
(비록 작은 걸음이더라도)으로
이끌어, 우리가 원하는 곳에
도달하게 만든다."

짐 화이트
routetoretire.com

극단적 저축

이는 연간 소득의 70% 이상을 저축하는 것이다. 극단적 저축을 도전 삼아 즐기는 사람들이 생각보다 많다. 당신은 어떤가?

브랜던은 23세 나이에 샌프란시스코에 있는 구글에 취직했다. 대다수 동료가 비싼 아파트에서 사는 것과 달리, 트럭을 한 대 빌려 회사에 주차해 놓고 거기서 산다. 트럭 안에 침대와 옷장 겸 화장대, 옷걸이 등을 설치했다. 그는 배터리로 작동되는 전등과 충전기 말고는 전기를 이용하지 못한다.

브랜던은 구글 캠퍼스에서 모든 식사를 해결했고, 샤워는 물론 운동도 회사 시설을 이용했다. 이런 극단적 저축 덕분에 세후 소득의 90%를 저축하고 학자금 대출을 1년 안에 갚을 수 있었다.

제러미는 대학을 졸업하면서 4,000만원의 빚을 안고 사회생활을 시작했다. 사회적 관례처럼 새 차를 샀고 방 세 개짜리 집을 구매했다. 회사를 옮길 때마다 봉급이 올랐고 그럴 때마다 새집, 새 차를 사는 과정을 반복했다. 3년 후 휴가를 내고 필리핀에 갔을 때, 그곳에서의 일상에 푹 빠졌다. 그때 "어떻게 하면 매일 이렇게 살 수 있을까?"라는 질문을 자신에게 했다.

집에 돌아오자마자 집을 팔고, 자전거로 출퇴근하며, 지출을 대폭 줄였다. 결혼 후, 부부는 수입 중 최대 70%까지 공격적으로 저축하기 시작했다. 현재 그들은 경제적으로 자립해 전 세계를 자유롭게 여행하고 있다.

극단적 저축, 그만한 가치가 있을까?

남이 살 수 없는 삶을 위해, 남이 살지 않으려는 삶을 기꺼이 살 생각이 있는가?

극단적 저축은 경제적 자립 기간을 크게 단축하여 비축금을 모으는 훌륭한 방법이다. 하지만 저축에 과도하게 집착해서는 안 된다. 특정한 시점부터는 추가로 저축에 들이는 시간이 무의미해진다.

예를 들어, 쇼핑하러 가기 전에 1시간 동안 30개의 쿠폰을 잘라 모은다면, 그렇게 하는 것이 그만한 가치가 있는지 생각해 볼 필요가 있다. 쉽게 계산해 본다면, 자신의 소득을 시간당 금액으로 나누어 보면 된다. 추정치라도 괜찮다.

일반적인 근로자는 하루 8시간, 한 달(20일 근무 기준) 160시간, 1년 1,920시간 일한다. 자신이 연간 6,500만원을 번다면 이런 계산이 나온다.

6,500만원 / 1,920시간 = 33,854원/시간

그렇다면 쿠폰을 자르고 모아 사용하는 데 1시간이 걸리고 이를 통해 얻는 가치가 15,000원이라면, 이를 빨리 포기해야 한다. 이론적으로 당신은 한 시간의 노력을 다른 곳에 사용하여 34,000원가량을 벌 수 있기 때문이다.

요점은 저축의 이익이 그 수고보다 커야 한다는 사실이다.

극단적 저축으로 시간을 버는 방법:

소득의 10%를 저축할 때, 1년 생활비를 모으려면 (1−0.1)/0.1 = 9년 동안 일해야 한다.

소득의 25%를 저축할 때, 1년 생활비를 모으려면 (1−0.25)/0.25 = 3년 동안 일해야 한다.

소득의 50%를 저축할 때, 1년 생활비를 모으려면 (1−0.5)/0.5 = 1년 동안 일해야 한다.

소득의 75%를 저축할 때, 1년 생활비를 모으려면 (1−0.75)/0.75 = 0.33년 동안 일해야 한다.

월급 인상분을 이용한 부의 증식

극단적 저축이 잘 맞는 사람도 있다.

그렇다면 현재 생활 방식에 미치는 영향을 최소화하면서, 극단적 저축을 할 수 있는 효과적인 방법을 소개한다. 나는 이것을 '월급 인상분을 이용한 부의 증식'이라 부른다.

이 방법은 시간이 지날수록 책임과 보상이 높아지는 직업을 가진 사람이 활용하면 가장 좋다. 나 역시 이를 이용하여 저축률을 비교적 수월하게 최대 50%까지 높였다.

본격적인 사회생활을 시작하면 학생 때 혹은 아르바이트를 할 때보다 소득이 높아진다. 이러한 생활 여건의 변화 혹은 임금 인상의 기회를 자신에게 유리하게 활용해야 한다.

막 대학을 졸업했고 이제껏 시간제 일만 했던 제니의 사례를 보자. 이제 대기업 신입사원으로 취직했고, 곧 정규직 급여를 받게 된다. 그에게는 한 번도 이런 경험이 없었다. 이제 곧 새로운 저축 습관을 기를 때다.

'쾌락 적응'에 관해 이미 잘 알고 있는 제니는 저축 전략을 세우기로 결심한다. 처음부터 50%를 저축하면 어떻게 될까? 조금 과해 보이지만 현저한 소득 증가를 경험하면서 자주 그리고 서둘러 저축을 늘릴 것이다.

처음으로 월급이 오르거나 승진을 하면 삶의 질을 높이는 용도로 인상분의 50%를 떼어 두고 자동으로 나머지 50%를 저축이나 투자로 돌린다. 제니는 지금 두 세계의 최고 장점을 경험 중이다.

다음 월급 인상분은 어떻게 쓸까? 짐작한 대로다. 이 전략을 반복 실행한다. 게다가 자신이 그것을 채 깨닫기도 전에 고립공포감(FOMO, fear of missing out, 소외 혹은 고립되는 것에 대한 두려움) 없이 월급의 80% 이상을 저축과 투자에 쏟고 있을 것이다.

어쩌면 우리도 회사를 다니면서 이런 경험을 여러 번 할 수 있다. 이렇게 하다 보면 마침내 극단적 저축의 영역에 쉽게 진입할 수도 있을 것이다. 가장 좋은 점은 임금 인상분 전체를 써본 적이 없어서 뭔가를 손해 봤다는 기분이 들지 않는다는 사실이다.

우리는 생각보다 적응력이 높다. 월급 인상분을 이용한 부의 증식을 활용하면 큰 고통 없이 안정된 생활을 유지하는 데도 도움이 된다.

> **파이어 팁**
> 저축은 무언가를 구매하기 전에 하는 것이 훨씬 쉽고 좋다. 이 사실을 잊지 말고 활용하기 바란다.

파이어를 위한 투자

더 열심히가 아니라 더 현명하게 투자하라

투자는 일부가 과학이고 일부가 기술이다. 이미 목표를 달성한 다른 사람들의 다양한 생각을 탐색해 보자.

경제적 자립 금액에 집중해야 새로운 투자 기회를 알 수 있다. 또한 적재적소에 투자해야 경제적 자립에 도달하는 시간을 단축할 수 있다.

처음에는 하나의 핵심 전략에 집중한 후, 다른 영역으로 다각화해야 한다. 나를 포함해 이미 파이어에 이른 사람들 대다수가 다음에 나오는 경제적 자립 가속 수단 중 하나 또는 그 이상에 집중했다.

> 1. 극단적 저축/투자
> 2. 부동산 투자
> 3. 기업가 정신

파이어를 달성하는 사람은 대부분 이 전략 중 하나를 사용한다.

더 현명하게 투자할 수 있는 가장 쉬운 방법은 극단적 저축과 수동적 주식 투자다. 이 전략은 필요한 기술이 많지 않지만 효과가 놀라울 정도로 뛰어나다.

극단적 저축/투자를 실행에 옮기고 나면, 그다음으로 현금흐름 부동산에 투자하고 기업가 정신을 발휘해 사업을 시작하는 것이 옳은 순서다.

시간은 가장 소중한 자산이다. 복리로 불려 줄 수단에 돈을 빨리 투입할수록 그만큼 유리하다.

인터넷과 TV를 보면 돈을 빠르게 버는 부자 되기 술수가 판치고 있다. 무조건 피해야 한다. 너무 매력적이라 믿기지 않는다면, 그 생각이 맞다. 그저 로또와 같은 것이라 생각하는 게 좋다. 엄밀히 따지면 당첨될 가능성은 있으나, 실제 확률은 매우 희박하다.

더 현명하게 투자하려면 현금흐름을 알아야 한다. 다시 말해, 자신의 투자에 대한 잠재적 수익과 그에 수반하는 위험을 배우는 것이다. 더 많은 거래 대상물을 (또는 투자 대상물을) 살필수록 어떤 것이 최선인지가 명확해진다.

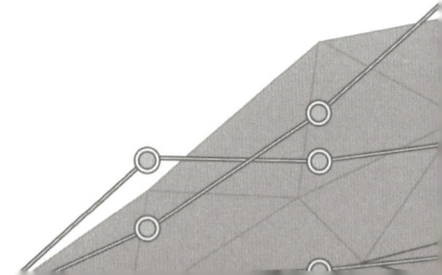

자신에게 투자하기

나는 자기 성장과 발전을 중요하게 생각한다. 그래서 교육과 강좌, 세미나, 코칭 등을 통해 자신에게 투자하는 일이 중요하다는 것을 철저히 믿는다. 나도 이런 것에 많은 돈을 지출했는데, 한 번도 돈을 잘못 쓴 것 같다고 생각한 적이 없다.

자신에게 투자하면 생소한 분야에 진입할 자신감이 생긴다. 그리고 행동을 취하고 성과를 개선하도록 북돋아 주는 건 무엇이든 다 득이 된다고 본다. 내가 아는 성공 투자자와 기업가 다수의 생각이 모두 나와 같았다.

투자할 돈이 전혀 없는가?

그렇다면 시간 투자로 시작한다. 다른 사람들이 하지 않을 일을 하면 된다. 도서관에 가서 개인 재무, 투자, 자기 계발에 관한 책을 찾아 읽어라. 그러면 성공 패턴이 보이기 시작한다. 지금 할 수 있는 일은 늘 존재한다.

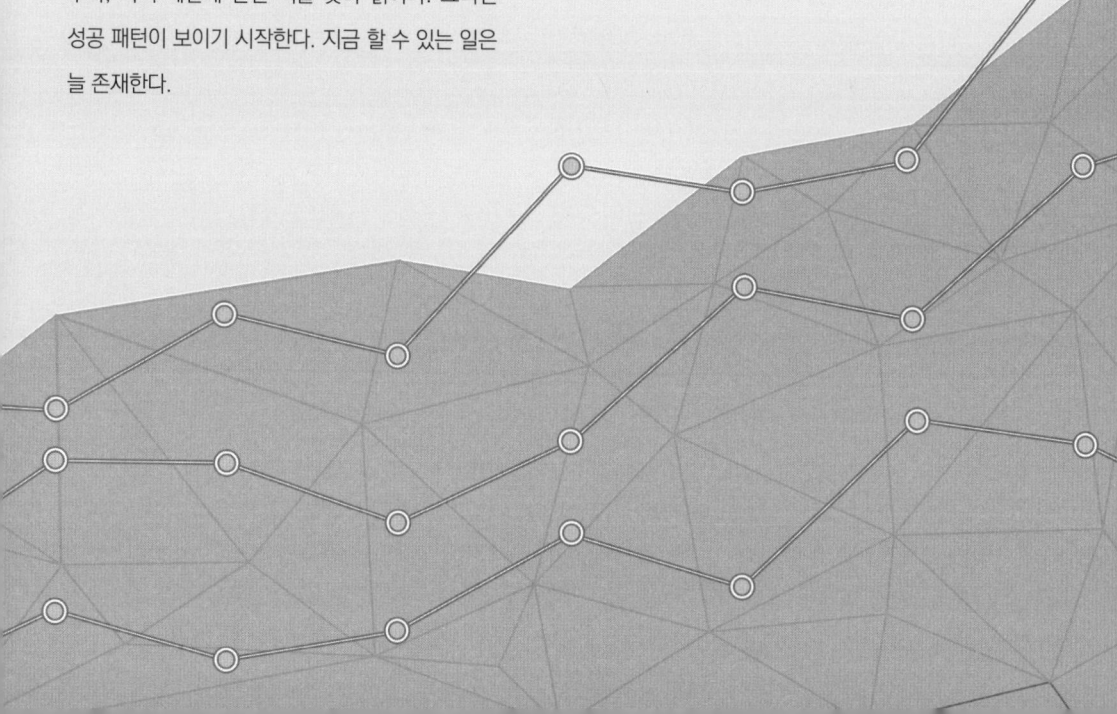

효율적 절세 방법

돈을 많이 벌면, 세금도 큰 비용이 된다. 하지만 이는 피할 수 없는 현실 문제이며, 우리 사회를 유지하기 위해 치러야 하는 대가이다.

세금 관련 이슈에 관심을 두는 것이 좋다. 그렇다고 지루하고 재미없는 세법 책을 여러 권 읽으라는 말은 아니다. 세무와 관련된 기본 원칙을 알아두고, 필요할 때 조언을 구할 사람이 있으면 된다. 세무 전문가의 적절한 안내를 받으면 큰돈을 절약할 수도 있다.

나라마다 세금 제도가 조금씩 다르지만 '효율적 절세 방법'을 알아야 한다는 원칙은 어디에나 적용된다.

좀 더 구체적으로 세금 우대 상품에 관해 이야기해 보자. 가장 대표적인 것이 연금저축이다. 이 상품은 가입할 때 납입금의 일부를 세액 공제받으며, 납입하는 동안에는 세금이 전혀 없다. 즉, 납세의 의무를 후일로 미루는 것이다. 지금 당장 세금을 부과하지 않고, 연금을 받을 때 세금을 내는 상품이다.

마찬가지로 연금저축계좌도 눈여겨볼 만하다. 이 역시 연간 납입 한도 내에서 세액공제를 받을 수 있고, 복리로 운영되어 시간이 지남에 따라 더 큰 자산을 형성할 수 있으며, 연금 형태로 자금을 수령한다. 또한 투자 포트폴리오를 자신의 성향에 맞게 구성할 수 있다.

개인종합자산관리계좌를 활용하는 것도 방법이다. 비과세 혜택은 물론 연금으로의 전환도 가능하며, 과세 이연 효과가 있어 소득세를 바로 납부하지 않고 의무 보유기간 이후 해지할 때 납부한다는 장점이 있다. 다만 중도 해지나 인출을 할 경우 일반 과세 상품으로 전환되며 세금도 추징된다.

알아두면 유용한 절세 아이디어

- **개인 주택 관련 양도소득세**: 1가구 1주택이고 2년 이상 보유했으며, 주택 가격이 12억원 이하일 때 양도소득세가 면제된다. 6억원짜리 집을 매입했고 5년 후 집값이 8억 원이 된다고 가정하면, 아무런 세금도 내지 않고 2억원의 이득을 실현할 수 있다는 말이다. 1가구 2주택부터는 면세 조건이 까다로우므로 자세히 확인하고 투자의사 결정을 해야 한다.

- **중개형 개인종합자산관리계좌**: 주식이나 채권 이외에도 ETF, 펀드, 리츠 등 투자자가 직접 자신이 원하는 상품을 선택하여 운용할 수 있다. 이 경우 포트폴리오 별로 이익 혹은 손실이 생길 수 있는데, 개인종합자산관리계좌의 경우 순이익에만 과세를 하며 세율도 일반 계좌의 60% 수준이어서 뛰어난 절세 수단이 된다.

- **정부 보조금 활용**: 중앙정부와 지방자치단체 등에서 운영하는 정부 보조금 혹은 지원금이 다양하게 존재한다. 대학 학자금부터 초기 주택 구입비, 창업 자금, 출산 및 육아에 드는 비용 등 광범위하므로 잘 확인하여 자신에게 적합한 것을 신청할 수 있다.

- **소규모 사업체에 관한 세금 공제 혜택**: 소규모 사업체를 운영한다면 비용 및 세액에 있어서 추가 공제를 해주는 세제 혜택을 놓치지 말아야 한다. 또한 사업체 운영을 통해 얻은 소득은 근로 소득과 달리 세금을 이연할 수 있는 방법이 있어, 이를 잘 활용하는 게 좋다.

세금은 국가마다 다를 뿐 아니라 개인의 상황, 사업의 종류 및 규모에 따라서도 크게 다르다. 자신의 상황과 여건에 맞는 절세 방법을 확인해 두어야 하는 이유다.

수동적 주식 투자

주식 투자가 두렵거나 위험한 것만은 아니다.

그런데도 많은 투자자가 그렇게 생각하고, 실제 주식 시장에서는 돈을 잃는다. 왜 그럴까?

사람들은 주식 투자를 통해 수익을 올리기 위해서는 공부하고 조사하며 집중해야 한다고 생각한다. 하지만 그렇지 않다.

존 보글은 1975년에 뱅가드그룹을 창립했다. 다음 해에 뱅가드그룹은 사상 최초로 인덱스 펀드를 출시했다. 인덱스 펀드는 주식 시장을 예측하여 투자하는 것이 아니라 다우존스, 코스피, 코스닥 등 주가지수를 따라가며 투자하는 것이다. 처음에는 전문가들로부터 많은 비판을 받았으나 결국 수학의 효력이 발휘되었다. 보글은 이후 40년 동안 장기적으로 높은 투자 수익을 입증했고, 개인 투자자들이 부담하는 운용 비용도 줄였다.

누구도 주식 시장을 단기적으로 예측할 수 없기 때문에 해마다 수익을 낼 목적으로 주식을 사고파는 행위는 어리석다. 그러나 장기적으로는 주식 시장이 상승한다는 사실을 알고 그에 맞춰 투자한다면, 단기적 움직임에 관심을 둘 필요가 없다.

파이어 추종자라면 본질적으로 효율에 따라 움직인다. 단순하고 수동적인 인덱스 투자에 관심을 두는 것이 당연하다. 인덱스 투자는 최소한의 노력으로도 가능하고, 다양성을 보장하며, 상당한 복리 수익을 만들어 낸다. 간혹 힘든 시기가 올 수도 있다. 하지만 끝까지 버티며 기운을 내야 한다.

개인적으로 나는 수익을 내려면 시장을 이해해야 한다고 믿었던 적이 있다. 가치와 타이밍 중심으로 주식을 사고파는 능동적 투자자로서 최선을 다했다. 하지만 인생 후반기에는 수동적 투자자로 바뀌었다. 물론 나는 두 경우 모두 돈을 벌었다. 그러나 돌이켜 보면 능동적 투자자로서 시장 타이밍을 맞추느라 많은 시간과 노력을 쏟아부었는데, 반대로 이 시기에 수동적 투자자였더라도 거의 비슷한 수익을 달성했을 것이다. 또한 남는 시간과 노력을 다른 모험적인 일(부동산 투자나 사업)에 투입했을 것이다.

내가 만약 다시 시작한다면 처음부터 수동적 투자를 할 것이다. 매입과 매도 타이밍을 맞추려 노력하지 않을 것이다. 오히려 돈이 생길 때마다 '매입원가평균법(dollar cost averaging)'을 이용해 인덱스 펀드를 지속적으로 살 것이다. 좋은 시기이든 나쁜 시기이든 꾸준히 매수함으로써, 더 이상 최적의 시기에 투자하는 일에 매달리며 마음을 졸이지 않을 것이다.

때로는 '정해놓고 잊어버리는 것'이 가장 좋다. 어떤 인덱스 펀드의 수수료가 가장 낮은지를 확인하고, 포트폴리오 조정 방법에 관해 충분한 시간을 갖고 공부한 다음, 꾸준히 투자하면서 시장 등락을 무시할 줄 알아야 한다. 장기 투자를 위해, 신경을 곤두서게 하는 단기 뉴스에서 자신을 격리할 필요가 있다.

이 주제에 관해 내가 가장 좋아하는 두 권의 책이 있다.

1. 『모든 주식을 소유하라(The Little Book of Common Sense Investing), 시장과 시간이 검증한 투자의 원칙』 존 C. 보글 저
2. 『부자 교육(The Simple Path to Wealth) 가장 쉽고 빠르게 부로 가는 길』 JL 콜린스 저

더 열심히가 아니라 더 현명하게 투자해야 함을 명심하라. 때로는 지루함이 엄청난 성과를 가져온다.

"주식은 부를 축적하는 강력한 도구다. 여기에 투자해야 한다. 그러나 시장과 자신의 주식 가치가 이따금 급격히 하락한다는 사실을 알아야 한다. 이는 완전히 정상이고 예상 가능한 일이다."

JL 콜린스

투자자의 감정 사이클

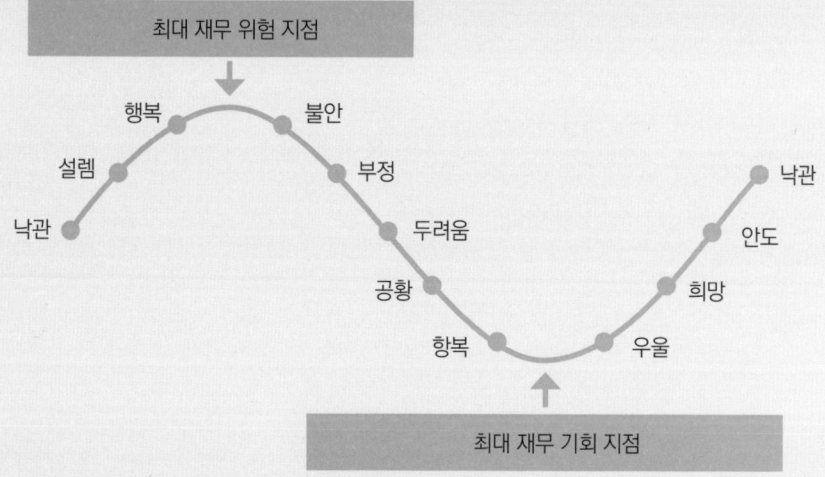

자산 배분 및 재조정

앞서 인덱스 펀드를 통한 수동적 투자가 왜 가장 신속하고 효율적으로 파이어 비축금을 모을 수 있는 위대한 출발점인지를 살펴보았다.

이제 자신의 '위험 허용도(risk tolerance)'와 목표에 따라 자산을 이상적으로 배분해야 한다. 자산 배분이란 주식과 채권 등 서로 다른 투자 상품을 혼합하는 것이다. 자산 종류마다 성장 속도가 다르므로, 자산 배분이 원하는 대로 이루어지도록 가끔 재조정해야 한다.

젊을수록 위험에 직면할 기회가 많다. 시장의 불가피한 상승과 하락을 겪는 시간이 더 많기 때문이다. 자신이 20대이고 40대에 경제적 자립에 도달하고 싶다고 가정하자. 포트폴리오의 90~100%를 인덱스 펀드에 투자하고 작은 비율, 예를 들어 10~0%를 채권에 맡길 수 있다. 이렇게 하면 단기적으로 위험(변동성)이 커지지만, 장기적으로는 파이어 비축금을 더 빨리 만들 가능성이 높아진다.

나이가 들수록 단기 변동성을 견디고 싶지 않아 한다. 이 경우 포트폴리오에 채권 비중을 높여 변동성을 완화한다. 예를 들어, 파이어 비축금 목표액에 도달해 은퇴할 준비가 됐다고 가정하자. 자신의 위험 허용도가 이제 더 이상 20대 때만큼 높지 않은 상황이다. 그러면 주식 60%, 채권 40%라는 보수적 혼합으로 전환한다. 이렇게 하면 단기 변동성으로부터 보호받게 된다. 하지만 전체 수익은 제한됨을 이해해야 한다.

인덱스 투자와 자산 배분에 관해 공부하면 할수록 그 논리가 쉽게 납득된다. 심지어 자신의 파이어 비축금 조성에 필요한 수익을 실현하려면 변동성을 견뎌야 한다는 사실을 알고, 이 방식을 적극적으로 선택하기도 한다.

문제는 붕괴 또는 조정 중인 시장에 자신의 감정이 개입되는 것이다. 생존 본능이 발동하면서 보유 주식의 상당수를 매도하고 싶은 충동이 생긴다. 그래서는 안 된다. 시장이 다시 상승할 때를 대비해 투자 상태를 유지해야 한다. 그동안 수많은 개인 투자가가 저점에 매도했다가 시장이 다시 성장세를 회복하자 재투자를 하느라 아우성치는 모습이 줄곧 목격됐다.

주식 시장에서 자기 파괴의 위험을 완화하는 세 가지 방법

1. 주식 시장의 변동성을 무시하고, 시장 향방에 신경 쓰지 않으면서, 장기간에 걸쳐 수동적 투자를 계속한다. 경제 뉴스 자체를 완전히 무시한다.
2. 투자 지침(104페이지 참조)을 작성한다. 이는 좋을 때나 나쁠 때나 자신이 준수하기로 약속한 일련의 규칙이다. 지침의 초안을 작성함으로써 어려운 시기에서도 끝까지 버티겠다는 약속을 자신과 하게 된다. 시장이 크게 변동하기 훨씬 전부터, 투자 전략을 세우는 셈이다. 또한 투자 지침을 보며, 얼마나 자주 포트폴리오를 점검하고 또한 언제 재조정해야 할지를 파악할 수 있다.
3. 수수료를 받는 사람 혹은 회사를 고용하여 자신을 대신해 포트폴리오를 관리하도록 위임한다. 대리인은 위탁자의 포트폴리오를 균형 있게 유지하는 데 도움을 주며, 위탁자가 미리 제시한 인덱스 펀드 전략에 따라 그것을 관리한다. 하지만 신중하게 알아봐야 한다. 또한 이 서비스는 해마다 포트폴리오의 1~2%에 해당하는 수수료가 발생할 수 있다.

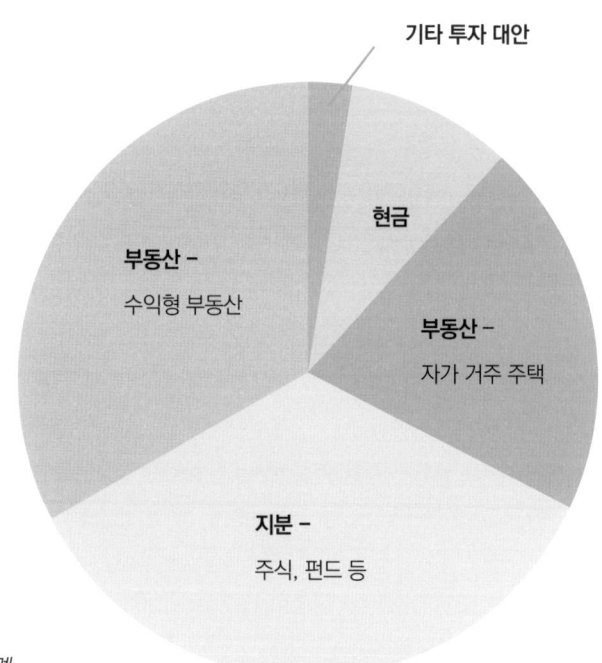

자산 배분 사례

투자 지침

투자 지침 선언문을 작성하면 자신의 투자 철학, 전략, 위험 허용도를 정의하는 데 도움이 된다. 이는 주식 투자에 관한 파이어 계획의 일부다.

투자 지침 선언문을 작성함으로써 우리는 장기적으로 투자 포트폴리오를 어떻게 관리해야 할지에 관한 구체적인 지침을 갖게 된다.

앞서 밝혔듯이 주식 시장은 장기적으로 수익성이 좋으나, 단기적으로는 변동성이 크다. 따라서 엄청난 변화를 견딜 준비가 필요하다. 혼란의 시기가 오면 투자 지침 선언문을 참고하며, 스스로 장기적 사고를 통한 확신을 얻을 수 있다.

파이어를 추구하는 사람은 이러한 의도를 자신의 목표에 명확히 담아야 한다.

다음은 투자 지침 선언문의 전반적인 개요다. 물론 자신의 취향에 맞게 바꿀 수 있다.

투자 지침 선언문

목표:
자신의 나이 및 파이어 비축금 액수와 관련된 은퇴 목표를 적는다.

철학:
자신의 포트폴리오 구성, 기대 수익률, 재투자 계획, 위험 허용도 등을 적는다.

자산 배분:
포트폴리오를 어떻게 구성할지 적는다. 현재 어떤 유형의 자산에 투자한 상태인가? 이상적인 포트폴리오 배분 비율은 얼마인가? 언제 재조정할 것인가?

기타 고려 사항:
효율적인 절세 방안, 개설할 투자 유형 및 개설 시기, 다른 투자 기회 등 투자에 관한 기타 고려 사항을 적는다.

은퇴:
조기 은퇴 이후 자산 인출 방식에 관해 적는다.

이는 간단해 보이지만 아주 강력한 문서가 된다. 투자 지침 선언문으로 얻을 수 있는 또 하나의 이점은 부동산 투자 계획에도 이를 추가할 수 있다는 사실이다. 혹시라도 자신이 죽어 배우자나 사랑하는 사람이 자산을 상속받는다면, 이들은 이 선언문 덕분에 포트폴리오 관리에 관한 당신의 의도를 명확히 이해할 것이다. 이미 명확하고 간결하게 계획되어 있으므로, 의도를 알려달라고 조를 필요가 없다.

다음의 선언문 사례를 참조하여 다음 페이지에 나오는 워크시트에 자신만의 투자 지침 선언문을 만들어 보자.

투자 지침 선언문

목표:
나는 투자 포트폴리오를 꾸준히 확장하고 성장시켜 48세 혹은 그 이전에 은퇴한다. 포트폴리오의 가치는 연간 지출 예상 금액인 5,000만원의 25배인 12억 5,000만원이다.

철학:
수수료가 낮은 인덱스 펀드에 주로 투자하고 배당금은 다시 포트폴리오에 재투자한다. 나의 위험 허용도는 높다. 장기적으로 투자하면서 전체 주식 시장 수익률과 비슷한 수준의 수익을 목표로 한다.

자산 배분:
나는 포트폴리오를 단순하게 유지하면서 나의 시간과 관심을 경제적 자립을 가속하기 위한 다른 수단에 집중한다. 포트폴리오는 주식 시장과 연동되는 인덱스 펀드에 90%를 투자하고 나머지 10%는 채권과 연동되는 펀드에 투자한다. 분기별로 자산 배분을 검토하고 필요에 따라 포트폴리오를 재조정하여 90/10 분할 범위 내에서 포트폴리오를 유지할 것이다.

기타 고려 사항:
나는 회사에서 제공하는 국민연금과 퇴직연금 외에도 개인연금을 별도로 가입하여, 여유 있고 안정적인 은퇴 후 생활 기반을 마련한다. 또한 절세 효과가 높은 연금저축계좌나 개인종합자산관리계좌를 통해 잉여 자금을 관리하는 방법도 고려한다. 자녀가 생기면 자녀 이름으로 공격적인 인덱스 펀드에 가입하여 복리 혜택을 누리는 것을 고려한다.

은퇴:
나는 48세에 조기 은퇴할 계획이며, 매년 5,000만원 정도의 생활비가 필요할 것으로 예상한다. 연간 생활비를 충당할 수 있는 추가 임대 부동산 소득을 갖는다면 원금을 4%씩 전부 인출할 필요가 없다. 다시 말해 조기 은퇴 후, 매년 원금의 3% 정도만 인출해도 될 것이다.

투자 지침 선언문 워크시트

이제 당신의 선언문을 작성할 차례다. 너무 완벽하게 만들려고 애쓰지 않아도 된다. 필요하면 언제든 수정할 수 있다.

목적:

철학:

자산 배분:

기타 고려 사항:

은퇴:

"투자가 어려워 보이지만,
사실은 그렇지 않다.
몇 가지 일을 올바르게 실행하고
심각한 실수를 피하면
성공 투자자가 된다."

존 보글

파이어를 위한 부동산 투자

파이어 추구자에게 인덱스 투자의 단순함은 매력적이고 효과적이다. 파이어 여정의 또 다른 파트너인 부동산 투자를 활용하면 비교적 빠르게 많은 수동 소득을 만들 수 있다.

다른 어떤 종류의 자산보다도 부동산을 통해 더 많은 백만장자가 생긴다는 사실을 알고 있는가? 앤드류 카네기는 "백만장자의 90%가 부동산 소유를 통해 부를 만든다"는 유명한 말을 남겼다.

부동산 투자는 인덱스 투자에 비해 학습 시간이 더 오래 걸리지만, 보상이 크고 파이어를 향한 성장 가속화에 이점이 있어서, 충분한 시간과 노력을 들일만한 가치가 충분하다. 파이어에 성공적으로 도달한 사람들이 부동산 투자와 주식 투자를 병행하는 것도 드물지 않다.

파이어 달성의 관점에서 부동산 투자를 살펴보자. 파이어 공식은 여전히 그대로다.

파이어 = 수동 소득 = 지출

부동산 투자는 임대 소득, 고수익 이자, 순자산 증가 등의 방식으로 수동 소득을 얻는 좋은 방법이다.

부동산 투자의 다른 이점:

- ✓ 세금 혜택
- ✓ 현금흐름
- ✓ 좋은 부동산을 사면 무기한 수익을 낼 수 있다.
- ✓ 부동산 가치는 인플레이션과 연동한다.
- ✓ 부동산 가치의 상당 부분을 차입금으로 투자할 수 있어 돈이 우리를 위해 더 열심히 일하게 할 수 있다.
- ✓ 부동산 투자 관리를 외부 사람에게 위탁하여 자신의 관여를 최소화할 수 있다.
- ✓ 자산 가치 상승을 기대할 수 있다.

부동산 투자에 믿을 수 없을 만큼 큰 이득이 따르는 이유는 그 가치의 상당 부분에 해당하는 금액을 빌릴 수 있다는 사실에 있다. 물론 주식 투자에 있어서도 차입금을 통한 주식 매입이 가능하지만 그 규모를 비교하면 부동산 투자가 훨씬 크다. 좋은 부채와 나쁜 부채에 대해서는 117페이지에서 더 자세히 이야기한다.

부동산 투자에는 다양한 유형이 있다. 그중에서 파이어를 추구하는 사람이 관심을 가질만한 세 가지 전략을 골랐다.

1. 하우스 해킹
2. 현금흐름 부동산 투자
3. 신디케이션

좋은 매물은 어디에 있는가?

좋은 부동산 매물은 나타났다 금방 사라진다. 성공한 부동산 투자자는 미리 준비한다. 늘 관심을 두고 지켜보며, 기회를 선별하고, 자신에게 가장 이상적인 가격과 조건을 포착한다.

다음 섹션에서 다루겠지만, 매수 의사를 전달하기 훨씬 이전에 좋은 부동산 매물을 명확히 식별할 수 있어야 한다.

다시 말한다. 좋은 매물을 찾아내려면 시간과 인내가 필요하다. 그리고 찾았으면 즉시 행동에 옮겨야 한다.

알고 있었나?

부동산 투자는 경이로운 결과를 내기도 하지만 그만큼 큰 위험이 잠재한다. 다른 모든 투자와 마찬가지로 좋은 거래와 나쁜 거래가 존재한다.

부동산 투자의 이점만 과장해 홍보하는 광고가 많다. 알짜를 식별할 수 있으려면 그만한 노력이 필요하다. 이런 이유에서 현금흐름을 이해하는 것이 중요하다.

많은 부동산 투기꾼이 자신을 부동산 투자자라 주장한다. 투기는 오로지 가치 상승만을 희망하며 부동산을 매입하는 것이다. 특히 자신이 받을 수 있는 임대료를 초과하는 수준의 이자를 내면서 대출을 받는다면, 상황은 더 심각해진다.

차입금과 이자 그리고 임대료를 중심으로 하는 현금흐름을 이해해야 한다. 그렇지 않으면 단 한 번의 시장 조정만으로도 진지하게 겸손해진다.

하우스 해킹

하우스 해킹(house hacking)은 파이어 추구자에게 꿈의 투자다. 검소하게 살면서, 현금흐름을 만들고, 순자산을 불리는 세 가지 장점이 있다.

하우스 해킹이란 주택을 구입한 후, 일부를 임대하여 담보 대출을 갚아 나가는 것이다.

대개 2가구 주택과 3가구 주택에서 큰 수익이 나지만, 1가구 주택에서도 불가능한 건 아니다.

래리와 샐리가 파이어에 집중하기로 결심했다고 가정하자. 아기가 태어날 예정이라 첫 주택을 사기 위해 알아보고 있다. 그들은 새 주방과 멋진 가구가 있는 1가구 주택을 구입하라는 관행적인 조언을 따르지 않고, 2가구 주택 구입을 결정한다. 이러한 유형의 건물은 2개의 주거 단위로 구성되어 있고, 각각에 2개의 침실과 2개의 욕실이 딸려 있다.

래리와 샐리 부부는 그중 하나에 살고 나머지 하나를 임대하기로 한다. 최신식 화려한 가구와 설비가 있는 1가구 주택과는 다르고 공간도 그리 넓지는 않지만, 그들의 결정이 파이어로 가는 여정을 어떻게 가속하는지 알아보자.

자신의 주택 담보 대출금을 다른 사람이 갚게 한다.

투자용 부동산

2가구 주택 가격 = 5억원

대출금 = 4억원

현금 = 1억원

이자율 = 5%

월 상환액(원리금 30년 분할 상환) = 215만원

월 세금 및 보험료 = 30만원

총 월 지출액 = 245만원

추가 소득

임대한 주거 단위의 월 임대료 = 200만원

월 주거 비용

245만원 − 200만원 = 45만원

임대료 소득 덕분에 월 주거 비용이 대폭 줄었다. 4억원에 해당하는 1가구 주택을 3억원의 대출을 끼고 구입하는 것과 비교했을 때보다 훨씬 유리하다. 또한 임대 건물을 매년 감가상각하여 비용으로 계산하면 세금을 절감할 수도 있다. 이렇게 줄인 비용을 모아 또 다른 한 채의 주택을 구입할 수도 있고, 아니면 인덱스 펀드에 투자해도 된다. 하우스 해킹은 이렇게 유용하다. 이런 주택에 저렴한 비용으로 거주하면서, 자신의 주택

담보 대출금을 다른 사람이 갚게 하는 동시에 순자산을 불릴 수 있다.

하우스 해킹에 관한 고려 사항

하우스 해킹이 꿈의 투자 방법이긴 하지만 집주인으로서 그리고 어쩌면 부동산 관리자로서 몇 가지 책임이 추가된다는 사실도 알아야 한다. 임차인과 바로 가까이에 살기 때문에 문제가 생겼을 때 대응하기 쉽다는 장점도 있다. 하지만 관리자로서 자신의 시간을 투자해야 하는 상황을 피할 수 없다. 이에 따른 기회비용을 고려해야 하는 이유다.

하우스 해킹을 통한 부가 가치 창출

칼 젠슨은 다른 종류의 하우스 해킹에 집중했다. 주택을 구입하여 거주하는 동안 직접 리모델링을 하여 높은 부가가치를 만든 것이다. 자신이 거주하면서, 비싼 건축 업자를 부르지 않고, 남는 시간을 이용해 집을 수리했다.

2년 정도의 시간을 갖고 보수 작업을 마치자, 집의 가치가 매수한 가격보다 높아졌다. 그는 집을 되팔아 높은 이익을 남기고 새로운 집을 사서 다시 시작했다. 부동산의 경우 일정 기간 이상 거주하면 거래에 따른 세금을 줄일 수도 있다는 장점이 있다.

칼은 이렇게 했고, 심지어 '이 과정을 반복'했다.

현금흐름 부동산 투자

파이어를 목표로 하는 사람들에게 현금흐름 부동산 투자는 수동 소득을 만들고 순자산을 불리는 효과적인 도구다.

'현금흐름 부동산 투자'란 말 그대로다. 구매자에게 현금흐름을 안겨줄 수 있는 부동산에 투자하는 행위다.

물론 첫 부동산 구입을 너무 서두르라는 말은 아니다. 담보 대출을 끼고도 현금흐름을 창출할 수 있는 부동산을 찾는 것이 중요하므로, 시간을 들여 충분히 조사해야 한다.

좋은 부동산을 식별하는 간단한 경험에 관해 말하면, '1% 규칙'의 사용이다. 부동산의 월 임대료 수입이 구매 가격의 1% 이상이어야 한다는 의미다. 실제로 일부 투자자는 2% 규칙을 고집하기도 한다.

예를 들어, 한 달 임대료가 200만원, 구매 가격이 2억원인 부동산을 찾았다면 1% 규칙을 충족한다. 물론 국가별로 차이가 있음을 인정한다.

이것이 훌륭한 출발점인 이유는 일반적으로 이 경험 법칙을 충족하는 부동산은 만족스러운 거래로 이어질 잠재력이 있어서다.

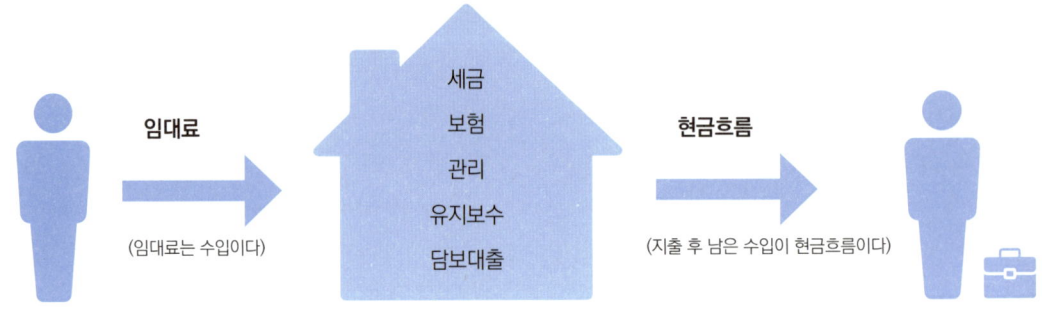

고려해야 할 다른 변수들:

- ✓ 위치
- ✓ 부동산의 상태
- ✓ 예상 공실률
- ✓ 대출 조건
- ✓ 가치 상승 가능성
- ✓ 유지보수 항목

일단 1% 규칙(또는 그 이상)에 맞는 부동산을 찾았다면, 위의 다른 변수에 대한 분석에 착수하여 더 정확한 그림을 그려야 한다.

내가 아는 현금흐름 투자자들은 특정한 기준을 고수함으로써 좋은 성과를 거뒀다.

더스틴 하이너(116페이지 참조)는 1가구 주택(한국에서는, 도시형 생활주택, 주거용 오피스텔, 소형 아파트 등)에 중점을 두는데, 그가 투자하는 주택은 1% 규칙을 충족 또는 초과하고, 특정한 위치에 입지하며, 예상 공실률이 낮고, 유리한 금리로 자금 조달이 가능하며, 유지보수 부담이 적어야 한다. 그는 이러한 선별 기준을 미리 정해 놓았기 때문에 어떤 유형의 부동산이 자신에게 딱 맞는지 신속하게 판단하고, 나머지를 무시한다.

사전에 이 작업을 적극적으로 수행한다면, 엄청난 보상을 받게 된다.

현금흐름 부동산의 또 다른 중요 사항은 굳이 거주지역에서 거래할 필요가 없다는 점이다. 사실 나는 내가 살고 있는 지역 밖에 있는 부동산을 선호한다. 구입 가격이 낮으면서 현금흐름 잠재력은 크기 때문이다. 처음에는 감당하기 어려워 보이겠지만, 적합한 부동산 관리자를 구하면 비용 부담을 최소화한 수준에서 관리할 수 있다.

부동산 신디케이션

이미 눈치챘을 수도 있겠지만, 나는 부동산 투자의 열성팬이다. 현금흐름을 만들고, 순자산을 늘리며, 세금 혜택을 얻는 등의 장점이 많기 때문이다.

하지만 이제 막 파이어에 관심을 두기 시작한 상태라면, 이처럼 좋은 현금흐름 창출의 기회를 얻는데 상당한 시간이 필요할 수 있다. 부동산에 관심은 있지만 직접 거래하고 투자할 시간이 없을 수도 있다. 어쩌면 부동산 소유 자체에 부정적이거나 관심을 두지 않는 경우도 있다.

다행인 것은 전문가를 통한 부동산 투자 방식이 존재하며, 이는 현금흐름 부동산 투자와 아주 유사한 이점을 제공한다. 이것이 부동산 신디케이션이다.

가장 단순한 형태의 부동산 신디케이션은 그룹 투자다. 그룹은 수동 투자자와 무한책임을 지는 파트너로 이뤄진다. 파트너에는 신디케이터가 포함되며 이들은 거래 성사의 책임을 진다. 파트너들은 계약에 따라 부동산을 물색한 후, 수동 투자자를 모아 투자 의사를 확인한다.

수동 투자자의 유일한 책임은 해당 부동산 거래에 관해 조사한 후, 그 거래가 타당하고 자신의 목표에 부합하는지 확인하는 일이다. 모든 조건이 충족된다고 판단하면, 파트너를 믿고 부동산 투자에 돈을 댄다. 이게 전부다.

또한 파트너 팀은 유리한 조건의 자금 조달, 마무리 협상, 수리 및 복원, 그리고 부동산의 원활한 운영을 위한 관리팀과의 협력을 통해 거래를 마무리한다. 우수한 파트너 팀은 투자 기준에 맞는 목표를 달성하여 투자자에게 목표한 현금흐름을 제공한다.

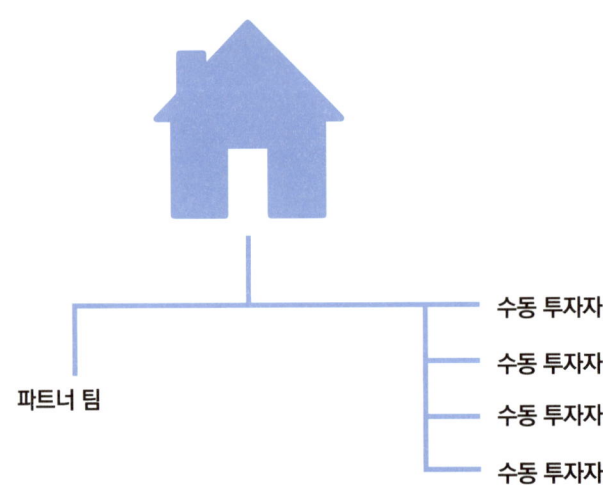

부동산 신디케이션의 장점:

- ✓ 거래 단위가 커지고 거래 조건도 좋아진다.
- ✓ 세금 혜택을 누릴 수 있다(감가상각 비용 공제).
- ✓ 전문 부동산 투자팀을 활용한다(전문가로 구성된 파트너 팀은 개인은 다루기 힘든 부동산 거래 기회를 제공한다).
- ✓ 자본 보존 효과(투자금이 부동산이라는 물리적 재산의 형태로 보호된다)가 있다.
- ✓ 현금흐름(일반적으로 분기에 1회 배분하는 현금흐름)을 가져온다.
- ✓ 가치 상승의 수혜(부분 소유자로서 해당 부동산 가치 상승으로 인한 이익을 비례 배분받음)가 있다.

수동 투자가 눈먼 투자를 의미하는 건 아니다

부동산 신디케이션은 자산을 증식하고 파이어 비축금을 만드는 좋은 기회다. 하지만 수동 투자라고 해서 아무것도 모르고 맹목적으로 투자하는 것은 아니다.

다른 투자와 마찬가지로 신디케이트 거래에도 좋은 것과 나쁜 것이 있다. 어떻게 판별할 것인가? 현금흐름을 이해하고 거래 구조를 학습해야 한다.

신디케이션은 여러 가지 방식으로 구성되므로 수동 투자자로서 자신의 권리와 파트너 팀이 가져가는 수수료(수수료가 있는 경우)에 관해 알아야 한다. 이것을 잘 설정해야 모든 당사자가 이롭다.

예를 들어, 수동 투자자는 파트너 팀이 그들의 몫을 챙기기 전에 우선순위로 수익을 배분받도록 해야 한다. 그래야 파트너 팀이 투자자의 이익을 위해 일한다. 그들이 해당 부동산을 효율적으로 운영해서 수동 투자자에게 배당을 하고, 남은 보상이 그들에게 돌아가게 만들어야 한다.

부동산 신디케이션의 단점:

- ✗ 투자한 돈은 해당 부동산을 매각하거나 부동산의 기존 담보대출을 더 유리한 조건의 새로운 담보대출로 대체할 때까지 묶인다.
- ✗ 파트너 팀은 승인받은 투자자로부터만 자금을 조달할 수 있다.
- ✗ 통제력 부족 – 파트너 팀이 원하는 성과를 내지 못해도 우려를 표명하는 것 이외에는 할 수 있는 일이 별로 없다.

사례 연구
파이어를 위한 부동산 투자

더스틴 하이너는 현금흐름 부동산 투자에 집중해 30대 중반에 파이어에 도달했다. 아내와 네 자녀를 부양하면서 8년 만에 이를 이뤘다. 그가 어떻게 해냈는지 살펴보고 그것을 추구한 동기도 이해해 보자.

더스틴은 9시부터 5시까지 전통적인 방식으로 일하는 공기업 직원으로 가족의 생계를 책임졌다. 그러던 어느 날 상관의 전화를 받고 면담을 했다. 해고와 감원을 한다는 소문은 들었지만, 당혹스럽게도 자신이 대상이 될 줄은 몰랐다. 그는 그날 해고되었다.

더스틴은 그 순간 느꼈던 감정을 지금도 선명히 기억한다. 자신이 실패자처럼 느껴졌고, 자신의 충성심을 알아주지 못한 조직에 애착을 가졌던 자신이 미웠다. 하지만 용기를 내어 새로운 결정을 내린 것도 바로 이 고난의 시기였다. 다시는 누군가가 자신을 해고하는 일이 없도록 하겠다는 결심을 했고, 부동산 투자자가 되기 위한 계획을 세웠다.

그는 100만원에 이르는 부동산 투자 입문 강좌를 들으면서 파이어 여정을 시작했다. 빠르게 배우고, 즉시 행동에 옮기겠다고 결심한 그는 넉넉한 현금흐름을 얻을 수 있는 소형 1가구 주택 매입에 주력했다. 월세를 30만원 받을 수 있는 집을 샀고, 다시 월세 50만원짜리 집을 샀다. 하나의 공식을 알아낸 더스틴은 이런 투자를 되풀이한 끝에 매달 850만원 이상의 수동 소득을 만들어 내는 부동산을 30개 이상 보유하기에 이르렀다.

더스틴은 부동산 투자를 통해 든든한 수동 소득을 만들었다는 것 외에도 자신이 더 검소해졌다는 사실이 자랑스러웠다. 그의 가족은 거의 외식을 하지 않으면서 검소하게 꾸며진 집에 산다. 그러나 자녀의 삶을 풍요롭게 하는 경험에는 돈을 아끼지 않는다. 더스틴의 아내는 전업주부이고 자녀들은 홈스쿨링 한다. 이런 생활 태도와 파이어가 결합된 덕분에 그들은 미국과 해외의 다양한 지역을 체험하면서 몇 달 동안 여행할 수 있게 되었다. 그의 자녀들이 특정 장소나 문화를 책으로 배우기보다 직접 체험하면서 배우는 상황을 상상해 보자.

파이어에 이른 더스틴은 집에 있는 것이 자기 스타일이 아니라는 걸 깨달았다. 그는 기업가 정신을 살려 몇 가지 새로운 사업을 시작했다. 부동산 투자 외에도 블로그, 팟캐스트, 유튜브 채널 등을 운영하면서 자신의 부동산 투자 성공 비결을 다른 사람들에게 가르치고 있다.

"자신이 소비할 수 있는 것 중, 가장 비싼 것은 바로 자신의 시간이다. 무엇에 그리고 누구에게 쓰는지는 자신의 선택이다. 하지만 겨우 먹고 살 정도만 버는 곳에 자신의 시간을 허비한다면, 1주일 168시간 중 40시간을 일해야 한다." 더스틴 하이너
(SuccessfullyUnemployed.com)

좋은 부채와 나쁜 부채

앞서 빚에 관해 상당히 많은 이야기를 했는데도, 왜 또다시 이 이야기를 꺼내는지 의아해할 수 있다. 돈과 마찬가지로 부채는 도구다. 부채를 제대로 사용하면 큰 도움이 되고, 반대의 경우면 망한다.

부채에는 좋은 것과 나쁜 것, 두 종류가 있다.

나쁜 부채는 이미 논의한 바 있다. 자동차, 옷, 휴대전화, 기타 비필수 품목과 같은 감가상각 자산을 살 때 빌리는 돈이다. 빌린 돈에는 이자가 붙는다. 돈을 벌어 그것을 갚아야 하는 처지에 빠진다.

다행히 좋은 부채도 있다. 수익을 안겨주는 자산을 구매하기 위해 돈을 빌리는 경우다.

앞서 현금흐름 부동산 투자에 관해 설명했다. 좋은 부동산 매물을 찾았다면 가장 먼저 금융 비용을 따져봐야 한다. 좋은 매물은 해당 부동산의 매입 비용의 일부를 대출로 조달하고, 현금흐름도 만들어 준다.

은행 돈을 활용하면 부동산 매입 금액의 전부를 자신의 돈으로 지불할 필요가 없다. 이는 남의 돈을 이용해 자신의 거래 자금을 조달하는 대표적인 사례다. 또한 여유 자금을 다른 투자에 활용하는 기회를 가질 수 있다.

남의 돈을 적절하게 사용하면 그렇지 않은 경우보다 파이어 금액과 수동 소득 목표액에 빨리 이를 수 있다.

좋은 부채	나쁜 부채
✓ 플러스 현금흐름을 제공하는 투자용 부동산의 매입 자금 조달 ✓ 성장 가능성이 높아 큰 수익을 안겨주는 사업체의 투자 자금 조달 ✓ 예약 판매된 것의 제작 또는 건설을 위한 자금 조달	✗ 자동차 할부 구매 ✗ 이자가 붙는 소비성 제품(의류, 보석류, 가전 기기) 구매를 위한 부채 ✗ 이자가 높은 신용카드 대출

창의력으로 가치 창출하기

사람들은 "돈을 벌려면 돈이 필요하다"는 말을 자주 한다. 이 말은 틀렸다. 돈을 불리는 속도를 돈으로 가속할 수 있는 것은 틀림없는 사실이지만, 돈을 벌기 시작하는 데 있어서 돈이 꼭 필요한 것은 아니다.

혹시 우리 자신도 "돈을 벌려면 돈이 있어야 한다"는 말을 하고 다니는지 확인해 보자. 더 나아가 자신의 성장을 제한하는 믿음을 살펴볼 필요가 있다. 있다면 제거해야 한다.

나는 부동산 투자와 기업가 정신을 좋아한다. 부를 쌓는 이 두 가지 전략을 활용하면, 창의력을 발휘해 돈을 벌 수 있다.

창의적 부동산 투자

부동산 투자에 있어서 창의력을 잘 활용하면 돈을 거의 아니 아예 쓰지 않고도 자산의 가치를 높일 수 있다.

여기 활용 가능한 아이디어가 있다:

- ✓ 여유 있는 방을 임대용으로 바꾼다.
- ✓ 자신의 부동산을 시각적으로 매력 있게 만든다.
- ✓ 자신의 부동산을 최신식으로 개조한다.
- ✓ 태양열 집열판을 설치한다.
- ✓ 도배 혹은 페인트칠을 한다.
- ✓ 더 유리한 조건의 대출로 바꾼다.

부동산을 매입할 때는 현재 상태만이 아니라 잠재력도 확인해야 높은 수익을 기대할 수 있다.

부동산 투자의 성공은 방치된 부동산을 매수하여 수리하거나 리모델링한 다음 매각하여 이윤을 취하는 데서 온다.

이러한 종류의 창의성을 현금흐름 부동산 투자에 적용할 수 있다. 예를 들어, 공실률이 증가했고 건물의 유지보수가 제대로 되지 않는 부동산을 가정해보자. 이런 건물을 싫어하는 투자자도 있지만, 성공 투자자는 이런 건물을 매입하여 수리와 복원을 통해 건물 가치를 올리고 높은 임차료를 받는다.

자금 조달에 창의력을 발휘하는 것도 부동산 현금흐름에 영향을 준다. 부동산 매입 자금을 빌리기 위해 반드시 전통적인 대출 기관(은행)을 이용해야 하는 것은 아니다. 매도자로부터 직접 자금을 조달하는 방법도 있다. 때로는 매도자와 매수자 간의 계약에 따라 매도자가 해당 부동산을 양도하고 매수자로부터, 꾸준한 현금흐름의 형태로, 원리금을 상환 받는 경우도 있다. 매도자와의 협상을 잘한다면 전통적인 대출 기관을 이용하는 것보다 유리한 조건으로 부동산을 취득할 수 있다.

선택지는 많다. 창의적인 부동산 투자에 관한 좋은 책이 많으니, 이에 관해 공부하고 싶다면 꼭 읽어 보기를 권한다.

알고 있었나?

기업가 정신이 충만하면 돈이 거의 또는 전혀 없어도 높은 가치를 창출할 수 있다!

- 오픈 마켓에 판매할 물건을 찾는다.
- 아이디어 또는 개념을 판매한다(와디즈, 텀블벅 등 클라우드 펀딩 플랫폼).
- 아직 존재하지 않는 새로운 시장에서 기회를 찾는다.
- 기존 시장의 문제점을 파악해서 새로운 상품을 만든다.
- 좋은 제품을 찾아내 판매를 대행한다.
- 자신의 재능을 판매한다.
- 책을 쓴다.

파이어를 위한 기업가 정신 발휘

기업가 정신의 발휘는 파이어에 도달하는 빠른 방법이다. 기업가 정신이란 기회를 찾아내고 이를 실현하는 것으로, 흔히 사업의 형태로 이루어진다.

당연하게 여기기 쉬우나 자유 시장 경제에서 누릴 수 있는 가장 큰 행운은 회사를 창업하고 이를 키워 나갈 수 있다는 것이다.

기업가 정신을 발휘하기 위해서는 상당한 용기와 끈기, 집중이 필요하다. 이런 자질 없이는 당면할 수밖에 없는 장애에 부딪혔을 때 신념을 잃고 포기하기 쉽다. 기꺼이 노력하고 인내한다면 사업체를 운영하며 자신의 삶을 바꾸고 파이어로 향하는 과정을 가속할 수 있다.

기업가 정신으로 자신의 아이디어를 시장에서 판매하는 것에는 두 가지 방법이 있다.

1. 큰 자본을 모집한다.
2. 초기 자본이 거의 또는 전혀 없는 상태에서도 자력으로 소규모 사업체를 창업한다.

여기서는 자력으로 창업한 사업체에 관해 논의하고자 한다. 대부분의 사람이 이런 형태로 기업가 활동을 시작하기 때문이다.

미국에만 약 3,020만 개의 소규모 사업체가 있는 것으로 추정된다. 소규모 사업체의 정의는 산업마다 다르나, 우리의 목적상 고용된 사람의 수가 1~250명이라고 하자.

긱 이코노미

긱 이코노미(gig economy)란 일자리가 프리랜서와 독립 계약자에 의해 채워지는 추세를 말한다. 이 사람들은 흔히 1인 기업가 또는 1인 기업으로 간주된다.

1인 기업가는 정규직 근로자가 누리는 전통적 혜택은 누리지 못하지만, 이들에게는 스스로 근무 시간을 결정하고 성장하며 노력한 만큼 이익을 거두는 자유가 주어진다.

효율적 확장

전문적인 일을 하면서 돈을 많이 버는 고임금 임시직 노동자들이 있다. 그러나 대부분은 여전히 자신의 시간을 돈과 맞바꾸고 있어, 수입을 늘리는 데 한계가 있다.

일단 고객과의 거래 기반을 확립했다면 업무 프로세스를 체계화하여 자신의 사업을 효율적으로 확장하는 것을 고려해야 한다.

예를 들어, 컴퓨터를 수리하는 사업을 운영한다고 가정하자. 주문 처리, 영업, 마케팅, 기술 지원, 수리 등 모든 일을 자신이 직접 처리하는 대신, 업무를 간소화하고 시간 소모적 노력에서 벗어나기 위해 업무 프로세스를 자동화할 수 있다. 마찬가지로, 자신은 영업 및 판매 조직을 확장하는 데 집중하면서, 기술 지원 및 수리에 필요한 사람을 고용할 수도 있다.

효율적 확장은 자신의 시간과 노력을 다른 사람이 대신 쏟을 수 있게 만드는 방법으로, 이익 규모를 크게 늘릴 수 있다.

제품 판매

규모의 경제를 이용하는 또 하나의 방법은 제품을 직접 판매하는 것이다. 이 사업 모델에서는 업무의 많은 부분이 사전에 이행된다.

자신의 제품이 인기 있을수록 판매는 늘어난다. 이미 제품 조달과 판매 시스템이 갖춰져 있어서, 추가 매출은 이익 증가로 이어진다.

장기적으로 최상의 성과를 거두려면, 혁신을 지속하고 제품의 최종 사용자를 고려해야 함을 잊지 말아야 한다.

사업상 책임

여러 사람과 사업을 시작한다면 사업 구조를 심각하게 고려하는 것이 바람직하다. 자신이 혼자 특정 서비스를 제공한다면 단독 사업자가 되겠지만, 여동생과 함께 쿠키를 판매하는 사업을 한다면 이는 각자가 파트너십이 있는 동업 관계가 된다. 동업은 좋지만 법적 책임으로부터 보호받을 수 있는 구조가 필요하다. 사람들이 주식회사, 협동조합, 유한책임회사, 사단법인 등의 사업 구조에 관심을 두는 이유다.

세금 및 법률 전문가와 상담하여 어떤 형태의 사업체가 자신이 처한 상황에 적합한지 결정한다.

소규모 사업 아이디어

지금 당장 창업할 수 있는 다양한 유형의 사업이 있다. 상상력을 발휘할 수 있는 사업의 종류는 아래와 같다.

제품 기반 사업
- 온라인 소매
- 신제품 개발
- 푸드트럭 운영
- 식당 운영
- 온라인 강의

서비스 기반 사업
- IT 컨설팅
- 회계 서비스
- 음식 배달
- 우버 또는 공유 자동차 운전
- 프리랜서 혹은 개인 서비스 계약

부업

부업을 갖는 것은 정규직 근로자가 기업가 정신을 활용하여 추가 소득을 올린다는 의미다. 부업은 시간제 사업을 말한다.

부업은 이미 파이어에 도달한 사람뿐 아니라 파이어를 추구하는 사람에게도 흥미 있는 주제다.

부업은 위험도가 상대적으로 낮다. 필요 자본이 넉넉지 않아도 되고, 여유 시간을 이용해 비즈니스 엔진을 가동하기 때문이다.

나는 고등학교 때부터 여러 가지 부업을 해왔고, 꽤 괜찮은 성공을 했다. 이는 사업과 근면을 배우고 재화나 서비스를 판매하는 시장을 찾아내는 방법을 배우게 한다. 자신의 능력을 활용한다면, 부업이 소규모 사업주를 위한 대안적 직업 경로가 되기도 한다.

부업의 특징
- ✓ 매월 일정한 금액의 추가 소득이 가능하다.
- ✓ 여유 시간에 운영이 가능하다.
- ✓ 집에서 할 수 있다.

부업이 자신에게 적합한가?

하루를 어떻게 보내는가? 매주 자신의 시간 중 10분의 1을 부업으로 돌리면 어떨까? 무엇을 배우게 될까? 어떤 사람으로 바뀔 수 있을까?

지금은 누구나 전 세계인을 대상으로 사업을 할 수 있는 시대다.

부업을 본업으로 확장할 수도 있을까?

부업을 잘 운영하면 짭짤한 부수입이 생기고 이는 곧 파이어 비축액을 늘리는 데 기여한다. 부업은 또한 1인 기업가가 가진 노력의 한계를 뛰어넘어 확장하거나 성장할 수 있는 잠재력을 갖고 있으며, 부를 축적하는 강력한 수단이 되기도 한다. 하나의 아이디어가 성공하면, 말 그대로 인생을 바꾸는 기회가 생긴다.

부업 아이디어

- 시장에서 식품 판매하기
- 온라인으로 식품 판매하기
- 오픈 마켓에서 제품 되팔기(소매 차익 거래)
- 오픈 마켓에 직접 제품 팔기(풀필먼트 서비스 활용)
- 체력 단련 수업 운영
- 학생 대상 개인 교습
- 블로그
- 프리랜서 작가
- 원격 비서 사업
- 팟캐스트
- 배달 서비스(주로 오픈 마켓에서 자체 배송 기사를 보완할 독립 계약자를 고용한다)
- 사진작가
- 숙박 공유 서비스 호스트
- 컴퓨터 사용법 가르치기
- 기술 관련 서비스 제공하기
- 잔디 깎기
- 페인트칠하기
- 타인을 위한 쇼핑 대행
- 미술품 판매
- 강좌 개설하기
- 공유 차량 운전기사 서비스
- 개 산책 대행
- 기업의 소셜 미디어 업무 돕기
- 책 쓰기

부업 아이디어 워크시트

기업가가 되는 것은 마음에서 시작된다.

자신에게 가장 적합한 유망 부업 아이디어를 생각해 보자.

   앞에 나온 예는 상상력을 자극하기 위한 것에 불과하다. 자신만의 부업 아이디어를 생각하거나, 앞의 예 가운데 하나가 자신의 특정한 기술과 가치에 적합한 경우 그것에 관해 상세하게 적는다.

일주일에 부업에 쓸 시간은 얼마나 되는가?

부업을 했던 적이 있는가? 했던 이유와 하지 않았던 이유를 적는다.

자신의 어떤 재능과 가치를 활용하여 부업을 할 수 있을 것인가?

자신에게 맞는 부업 아이디어를 12개 이상 적는다. 어떻게 실행할 것인지를 고민하지 말고, 그저 생각나는 대로 자유롭게 적는다.

자신이 판매할 제품이나 서비스의 잠재 고객은 누구인가?

지금 생각하고 있는 부업을 확장할 수 있는가? 아니면 시간을 쏟는 만큼만 돈을 벌 수 있는 사업인가?

사례 연구
부업

미셸 쉬뢰더-가드너는 부업을 한다. 그녀는 어쩌다 블로거가 되었으며, 실제로 자신의 웹사이트에서 돈을 벌 생각이 전혀 없었다. 사실 돈을 관리하는 일에 능숙하지 못했다. 옷을 구입하고 외식을 하는 데 돈을 많이 썼고, 거액의 학자금 부채도 있었다. 어린 나이부터 일을 했지만, 이렇다 할 성과는 없었다.

"나는 내가 무엇을 하고 있는지 전혀 몰랐고, 빚이 있는 게 정상이라고 여겼다. 주변 사람 모두가 자동차 대출, 학자금 부채, 거액의 주택담보 대출, 신용카드 빚을 지고 있는 것처럼 보였다. 나는 그게 보통의 삶이라고 생각했을 뿐, 그것에 대해 아무런 생각도 하지 않았다."

그렇게 생활하던 미셸에게 흥미로운 일이 일어났다. 자신의 블로그(makingsenseofcents.com)를 시작하면서, 재무 관련 블로거 커뮤니티에서 사람들을 만났다. 그들은 빚을 갚고, 부업으로 추가 수입을 올렸으며, 일찍 은퇴하여 여유 있는 삶을 살고 있었다. 여기에 자극을 받은 미셸은 더 나은 삶을 살고 싶다는 의욕이 생겼다.

여러 가지 빚을 갚아나가는 동안 미셸은 블로그로도 돈을 벌 수 있음을 알았다. 꾸준히 블로그를 하면서 충분한 돈을 벌었던 그녀는 다니던 은행을 그만두고 전업 블로거가 되었다. 미셸은 은행을 다니며 익혔던 돈 절약 방법과 이에 관련된 앱, 그리고 다양한 부업 아이디어를 블로그에 공유했다. 이는 자연스럽게 제휴 마케팅 기회로 이어졌고, 블로그를 통해 판매가 이뤄지면 수익을 배분받았다. 예를 들어, 자신의 웹사이트에서 어떤 책을 공유하고 독자가 해당 링크를 클릭해 그 책을 구입하면, 해당 사이트에서 그녀에게 소정의 추천 수수료를 지급했다.

시간이 지나면서 추천 수수료가 불어나기 시작했다. 블로그 독자 수가 늘어나면서 그녀의 수입도 덩달아 증가했다. 수십억 원을 벌게 된 미셸은 20대 후반에 파이어에 도달하는 경탄할 성과를 냈다. 미셸이 더 대단했던 점은 성공을 추구하는 일이 자신의 삶의 방식을 속박하지 못하게 했다는 사실이다.

미셸은 자신의 라이프 스타일에 맞춰 블로그를 운영하면서도 어떻게든 파트타임으로만 한다. 여행을 너무 좋아했던 미셸과 남편은 집을 팔아 캠핑카를 구입했고, 4년 동안 북미 전역을 돌아다니기도 했다. 그 이후로는 요트에서 생활하면서 카리브해와 유럽, 태평양을 탐험했다.

파이어 이후 미셸은 자신이 크게 발전했음을 실감한다. 예전에는 돈이 그녀를 지배했지만, 이제는 그 스트레스가 사라졌고 자신에게 중요한 일을 할 수 있게 되었다. 결국 모든 영역에서 삶의 질이 향상되었다.

"쉬운 여정은 아니었지만, 아주 보람되었다." 미셸 슈뢰더-가드너

사내 기업가 정신 발휘

성공한 기업가는 세상의 주목을 받는다. 하지만 그런 성과를 이루기 위해서는 다른 사람의 도움이 반드시 필요하다.

그게 누구일까? 회사 직원이다. 창립자는 아니지만 그들은 회사를 효율적으로 확장해 큰 이익을 내게 하는 데 중요한 역할을 한다. 초창기라면 스톡옵션이나 이익 배당금을 줄 수 있다.

뛰어난 직원이 바로 사내 기업가다. 주어진 업무 이상의 일을 하며 회사에 기여해 매출과 이익을 올릴 줄 아는 사람이다.

사내 기업가 활동이 매력적인 것은 직장인도 충분히 시도할 수 있어서다. 굳이 자신이 회사를 설립하면서까지 위험을 감수할 필요가 없다. 자신이 속한 조직의 편안함 속에서 기회를 찾으면 된다.

물론 회사마다 기회가 많고 적을 수 있다. 그래서 구직할 때 이를 고려해야 한다. 즉, 직원들에게 여러 기회를 제공하는 회사를 찾는 것이다.

구글과 같은 대기업 역시 사내 기업가 정신을 장려한다. 구글은 회사에 도움이 될 것이라 생각하는 혁신 프로젝트에 직원이 근무 시간 20%를 사용하도록 허용한다. 구글 메일, 구글 지도, 애드센스 등을 비롯한 최고의 프로그램들이 이렇게 탄생했다.

창업에 따른 위험을 감수하고 싶지 않다면, 대안으로 사내 기업가 활동을 고려해 보자. 이를 통해 적어도 아이디어를 마케팅하고 실행하는 능력이 향상된다.

성공 사례

대기업이 아니더라도 사내 기업가가 되는 것을 늘 염두에 둬야 한다.

내가 IT 서비스 회사를 운영할 때, 직원들이 혁신적인 아이디어와 해법을 제시하면 늘 고마웠다. 이러한 아이디어 중 일부는 회사 서비스의 효율을 높였고 이익을 증대시켰다.

나는 회사에서 최고의 성과를 내는 직원이 누구인지 알고 있었고, 그 보답으로 특별 보너스를 주거나 임금을 올려주곤 했다.

사실 우리 회사의 첫 번째 직원은 무급 하계 인턴으로 시작했다. 그는 열심히 일했고 팀 활동에 가치를 더하는 데 헌신했다. 그가 졸업할 무렵, 회사는 크게 성장했고 그를 엔지니어로 다시 채용했다. 그는 자신의 정해진 직책을 뛰어넘어 많은 일을 했으며 새로운 업무 절차를 구축하는 데 기여했다. 고속으로 승진한 그는 결국 회사의 주주가 되었다.

사내 기업가로서 기울인 노력에 어떤 보상이 따를지는 누구도 알 수 없다.

사내 기업가 정신 워크시트

정규직 직원은 각종 휴가 제도를 활용하여 얼마간의 시간을 가질 수 있다. 당신은 매주 몇 시간 정도 자신만의 시간을 가질 수 있는가?

_____
_____
_____
_____
_____
_____

프로젝트를 성공적으로 완수한 경험을 적는다. 회사가 보너스를 지급하는가? 없다면, 요구한 적이 있는가?

_____
_____
_____
_____
_____
_____
_____
_____
_____
_____
_____
_____

정규 업무를 수행하는 것 이외에 당신의 어떤 재능과 가치를 회사에 제공할 수 있는가?

_____
_____
_____
_____
_____
_____
_____
_____
_____

당신과 회사 모두에 이익이 되는 프로젝트 아이디어를 10개 정도 생각해 본다. 양측 모두에 이익이 되어야 한다. 자신이 제안한 프로젝트를 맡아 경험을 쌓을 수도 있고, 잘 완수한 후 보너스를 받을 수도 있다.

_____
_____
_____
_____
_____
_____

사내 기업가로 자신감을 얻은 후, 회사를 창업하거나 부업을 할 수 있겠는가? 어떤 종류가 될 것인가?

자신의 가치에 합당한 보수 받기

자신의 가치에 합당하다고 생각하는 만큼의 보수를 받고 있는가? 충분하지 않은가? 그럼 바꾸자.

기업가 정신을 발휘할 기회가 별로 없는 회사에서 일하고 있지만, 그럭저럭 괜찮은 급여를 받는다고 가정하자. 그리고 회사 정책이 너무 확고해서, 매년 연봉 10%의 보너스와 연간 최고 6%의 급여 인상만 가능하다고 가정하자. 승진도 쉽지 않다.

하지만 회사 방침과는 상관없이, 어느 회사든 직원에게 더 많은 급여를 지급할 융통성은 늘 존재한다. 때로는 그런 기회가 훨씬 더 많다.

회사에서 높은 연봉을 받고 싶으면 회사에 가치를 더하는 일을 해야 할 뿐 아니라 자신의 시장 가치를 정확하게 아는 것이 필요하다. 즉, 자신이 수행하는 특정 유형의 일에 대한 급여 범위를 확인하는 것이다. 글라스도어, 블라인드와 같은 웹사이트나 앱을 통해 유사한 업종의 다른 회사가 지급하는 연봉과 직원들의 전반적인 만족도를 확인한다.

자신이 받는 연봉보다 훨씬 더 큰 가치를 회사에 제공하고 있다는 생각이 든다면, 연봉 인상 요청을 미안해하거나 쑥스러워할 필요가 없다. 그리고 언제든지 할 수 있다. 연말 혹은 연초 인사 고과 시기까지 기다리지 않아도 된다는 말이다. 월급을 더 많이 받아야 하는 이유를 생각해 두고, 이를 뒷받침할 자료를 준비한다. 대안으로 다른 곳의 일자리도 고려한다.

나의 처남은 대기업 법무팀에서 근무했다. 그는 만족스럽게 일했지만, 줄곧 다른 기회를 살폈다. 그러다 기회를 찾고는 현재 다니던 회사와 상당 폭의 임금 인상을 협상했다.

회사는 당신에게 봉급을 올려주는 것보다 우수한 새 직원을 찾는 데 돈이 훨씬 많이 든다는 점을 알고 있다.

실제로 이 전략을 선택한다면, 최대한 감정을 배제하고 공정하게 협상에 임해야 한다. 고용주의 관점을 이해하려고 노력한다면, 원하는 것을 훨씬 더 쉽게 얻을 수 있다.

물론 협상이라고 해서, 그 주제가 늘 연봉일 필요는 없다. 교육 기회도 대안이 된다. 내 친구 한 명은 회사 장학금을 받아 MBA 과정을 마치기도 했다. 이는 자기 계발을 위한 의미 있는 투자다. 회사가 학자금 전액을 지급하지 않는다면, 일부라도 여전히 가치가 있다. 과정을 다 이수하고 학위를 받고 나면, 회사에 훨씬 더 쓸모 있는 사람이 된다는 점을 주장해 보자.

자신의 가장 큰 자산은 바로 자신의 마음이다. 어떤 회사도 그것을 소유할 수 없다. 자기 자신을 높이 평가하라. 그래야 다른 사람들도 당신을 높이 평가한다.

새로운 소득과 성장 기회를 잘 활용하면 파이어 달성이 훨씬 쉬워진다. 기회는 어디에나 있고, 심지어 현재 직장에도 있다. 단, 주위를 잘 살펴야 한다.

자신의 가치에 합당한 보수 받기 워크시트

현재 연봉은 얼마인가? (자영업자도 이 질문에 답한다.)

어떻게 하면 회사에 더 많은 가치를 더할 수 있는가?

자신과 비슷한 일을 하는 사람의 (현재) 월급과 연봉은 얼마인가? (모르면 지금 조사한다.)

같은 직무와 직급에도 급여 차이가 존재한다. 자신이 상위 10%에 도달하려면 무엇을 해야 하는가? 이미 그 위치에 있다면, 더 높은 직급으로 승진할 기회가 있는가?

회사에서 존경하는 사람은 누군가? 그들과 함께 일하거나 조언을 받을 방법이 있는가?

언제 임금 인상을 요청했는가? 그것의 정당성이 인정되었는가? 요청하지 않았다면, 왜 못했는가?

연봉 인상 외에 교육 보조금 등과 같은 혜택이 있는가?

보험으로 위험 관리하기

아직 젊고 자산이 많지 않다면, 보험에 지나치게 신경 쓰지 않는 게 좋다고 생각할 수 있다.

하지만 나이가 들고, 파이어 자산이 쌓이고, 가정을 꾸리기 시작하면 자신과 가족 모두가 보험의 필요성에 공감할 때가 온다.

또한 보험은 파이어를 향한 자신의 여정을 보호하는 경이로운 도구가 되기도 한다. 나쁜 일이 생기면 삶에 미칠 수 있는 부정적인 영향을 상쇄할 수 있는 다양한 상품이 있다. 이미 잘 알고 있을 수 있겠지만, 모르는 부분도 많을 것이다.

보험 가입은 모든 행위에 수반되는 위험을 상쇄하는 행위다. 보험은 '비용 대비 위험 회피도(얼마의 위험을 감수할 의향이 있는지)'를 균형 있게 조정하는 방법이다.

목표로 하는 파이어 금액에 가까워질수록 자신을 보호하는 일은 점점 더 중요해진다.

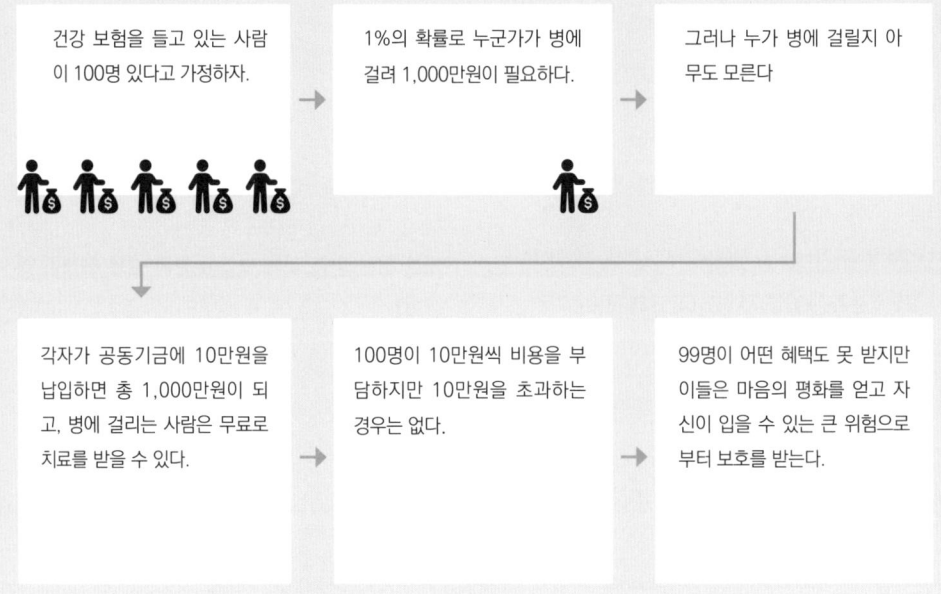

보험은 개인이 입을 수 있는 큰 손실 위험을 보험 회사로 전가한다.

다양한 유형의 보험

- 건강·의료 보험
- 치과 보험
- 임대인 보험
- 주택 보험
- 부동산 거래 책임 보험
- 재물 보험
- 여행 보험
- 생명 보험
- 산재 보험
- 부동산 권리 보험
- 자동차 보험
- 반려동물 보험
- 생산물 책임 보험
- 포괄 책임 보험

젊었을 때는 가족을 위한 안전장치로 생명보험을 고려하기 시작하지만, 사업주나 임대인이라면 자산을 보호하고 개인적 책임에 노출되는 것을 회피하고 싶을 것이다. 자기 상황에 맞는 보험을 찾아야 한다.

조기 은퇴 후 보험

파이어 계획을 지속적으로 확장해 나간다면, 조기 은퇴 이후의 생활에서 가장 중요한 보험은 건강 및 의료 보험이다. 은퇴 생활 중 큰 병에 걸려도 건강을 회복하고 유지할 수 있는 합리적인 보장 시스템이 필요하다. 물론 건강 보험에 지출되는 비용이 너무 크면 현금흐름에 변수로 작용할 수도 있음을 알아야 한다.

이렇게 다양하다. 자신의 상황에서 어떤 보험 상품이 적합한지 결정해야 한다. 파이어 여정에서 필요한 보험은 은퇴 생활을 위한 것과 다르다.

조기 은퇴를 위한 건강 보험 아이디어:

- ✓ 정부가 제공하는 건강보험 혜택을 놓치지 않는다.
- ✓ 심각한 질환의 경우, 의료비가 저렴한 지역 혹은 국가에서의 치료를 고려한다.
- ✓ 최소 시간 일하면서 건강보험 혜택을 누릴 수 있는 바리스타형 파이어를 고려한다.
- ✓ 조기 은퇴 후 소규모 창업을 고려한다면 개인 사업체에 제공되는 건강보험 가입을 고려한다.
- ✓ 구직을 하거나 창업을 준비하는 상황을 대비하여, 단기 임시 보험을 확인한다.

시작하기

목표 만들기

**파이어 전략의
개요 작성하기**

파이어 이정표: 타임라인

적극적으로 행동하기

**성과를 평가하고, 조정하며,
달성하기**

**원하는 결과
달성하기**

5

자신의 파이어 계획 설계하기

시작하기

지금까지 다룬 주제는 다음과 같다.

- ✓ 파이어를 추구해야 하는 이유
- ✓ 성장을 제한하는 돈에 대한 신념을 찾아내고 이를 전환하는 방법
- ✓ 자신에게 필수적인 파이어 지표를 추적하는 방법: 순자산 및 현금흐름
- ✓ 25 규칙으로 자신의 파이어 금액을 계산하는 방법
- ✓ 가장 효과적인 파이어 저축 및 투자 전략
- ✓ 소득을 높이고 가속하는 방법
- ✓ 지금이 시작하기에 가장 좋은 때인 이유

이제 펜을 들어 자신의 파이어 계획을 설계해 보자.

이 장에서는 자신의 가장 이상적인 파이어 비전(미래상)을 떠올리고 이를 대화형 비전 보드로 생생하게 표현한다. 그리고 자신의 최고 가치를 찾아내 비전에 반영할 기회를 갖는다.

또한 파이어 여정에서 어떤 결과를 이루고 싶은지 구체적으로 생각하고 어떤 전략을 이용할지 결정한다.

파이어 계획에 쉽게 참조할 수 있는 개요와 파이어 이정표의 타임라인을 포함시켜, 진행 상황을 추적하고 그 과정에서 각각의 성공을 축하할 수 있어야 한다.

가능한 한 많이 적고, 다양한 계획을 자유롭게 확장하기 바란다. 체계적으로 만들어야 필요할 때 관련 정보를 쉽게 찾을 수 있다.

즐거운 마음으로 자신의 파이어 계획을 만들어 보자.

> "명확한 계획을 바탕으로 만든 뚜렷한 비전은 높은 자신감과 능력을 갖추게 한다."
>
> 브라이언 트레이시

"행동 없는 비전은
꿈에 불과하다.
비전 없는 행동은
시간만 허비한다.
그러나 행동이 따르는 비전은
세상을 바꾼다"

말런 스미스
동기 부여 전문가, '선택에 의한 성공(success by choice)' 회사 CEO

목표 만들기

자신의 파이어 비전 보드 만들기

자신을 위한 파이어 계획을 설계해 보자. 이 과정은 재미있다. 상상력을 마음껏 펼쳐 파이어 달성 후 할 수 있는 모든 일을 상세히 구상하면 된다. 이제 자신만의 비전을 만들 때다.

성장을 북돋는 신념이 생겼다. 그리고 올바른 사고방식과 전략이 있어야 파이어를 달성할 수 있다는 사실도 알았다. 매일 목적지를 상기하고, 여정에 활력을 불어넣는 도구를 만들자.

이 작업은 재미도 있지만, 이것을 하는 이유는 과학적 근거에 기반한다. 자신의 목표를 늘 볼 수 있도록 시각화하여 뇌의 집중력을 높이고, 잠재의식 목표를 지향하도록 돕는다. 또한 파이어에 대한 자신의 감정을 독려하고 북돋기도 한다.

파이어 비전 보드

비전 보드 또는 드림 보드는 간단하지만 강력한 시각화 도구다. 이것은 그림, 단어, 아이디어의 다채로운 콜라주로, 자신의 미래를 보여준다.

파이어 비전 보드는 파이어 달성이라는 목표에 맞추어져 있다. 이를 이용해 자신이 만들고 싶은 미래를 그릴 수 있다. 걱정할 필요 없다. 예술가가 아니어도 되고, 완벽할 필요도 없다. 자신에게 와 닿기만 하면 된다.

파이어 비전 보드 만들기
필요한 도구
- 보드 용지 또는 판지
- 색종이
- 코르크 보드 또는 메모판
- 인덱스 카드
- 색펜·색연필
- 그림 물감
- 풀, 본드 또는 접착제
- 스테이플러, 클립 또는 핀
- 자
- 가위
- 잡지, 광고물, 사진 등 시각 자료

성장을 북돋는 파이어 비전 보드 만들기

시각적 영감이 필요한가? 온라인 검색으로 비전 보드에 관한 수천 가지 아이디어를 찾을 수 있다.

이 작업은 즐거운 마음으로 하는 게 좋다. 이 작업의 목적은 눈으로 볼 수 있는 무언가를 완성하는 것이다. 시간제한을 두고 미완성으로 남겨두지 말아야 한다. 물론 나중에 언제든 추가하거나 수정할 수 있다.

1. 비전 보드 워크시트를 끝까지 읽고 작성한다(140페이지 참조).
2. 가치관 알아보기 연습을 한다(142~144페이지 참조).
3. 파이어 달성 이후 삶을 보여주는 그림, 단어, 색상을 찾는다.
4. 동기를 부여하고 가치를 상기시키는 단어를 쓰거나 자른다.
5. 자신의 파이어 비전을 표현하는 콜라주를 만든다.
6. 매일 볼 수 있는 곳에 걸어 둔다.

파이어 비전 보드 워크시트

자신의 파이어 달성 이후의 삶이 어떤 모습일지 비전(미래상)을 만든다.

누구와 시간을 보내겠는가?

_____
_____
_____
_____
_____

나의 파이어 비전

일 이외의 삶을 즐길 수 있는 모든 방법을 나열한다. 자신이 추구하는 재미있고 창의적인 활동은 무엇인가?

_____
_____

인간관계는 어떻게 될 것인가? 어떤 사람과 무슨 일을 하며 지낼 것인가?

_____
_____
_____
_____
_____
_____
_____

자유 시간이 많아지면 어떤 도전을 할 것인가?

_____
_____

편안한 마음으로 자신과 타인에게 집중하고 있을 당신은, 어떤 모습으로 무엇을 하고 있는가?

_____
_____
_____
_____
_____

무엇에 가장 큰 가치를 두는가?

비전 보드 작업이 즐거웠는가? 지루했는가? 가치관 파악 연습으로 자신의 비전을 확장한다.

바로 앞에서 그린 자신의 꿈은 여기서 밝혀질 가치관과 관련 있어야 한다. 자신의 파이어 계획이 최상의 조건으로 성공에 이르려면, 자신이 중시하는 가치를 파악하고 이를 정렬해야 한다.

중시하는 가치는 무엇인가?

가치란 삶에서 중요하다고 느끼는 것이다. 자신의 가치관을 정확히 알고 있다면 삶의 우선순위를 매기기 쉽다.

나는 파이어를 추구하는 사람으로서 자유를 소중히 여긴다. 자유를 추구하는 사람은 규제를 중시하는 사람과 다른 방식으로 행동한다.

물론 두 개 이상의 가치를 중시할 수 있고, 이 모두가 자신을 유일하게 만드는 요인이 된다. 가치들을 나열한 후, 상위 5가지를 뽑아 이를 핵심 가치로 만든다.

파이어 계획에는 파이어 이전과 이후의 가치관을 모두 반영한다. 이를 통해 가장 큰 성취감을 얻을 수 있다. 또한 적어 놓지 않으면 집중하기 어렵다.

알고 있었나?

목표를 향해 나아가고 있을 때가 가장 행복하다. 목표는 우리를 설레게 할 뿐만 아니라 그것을 향해 전진할 때 뇌에서 도파민(행복 호르몬)이 방출된다.

목표와 가치가 일치하면 행동에 드는 노력이 줄어든다. 자신이 진정으로 믿지 않는 것을 성취하려고 억지로 자신을 밀어붙이는 게 아니라, 무언가가 목표를 향해 자신을 끌어당겨 주는 느낌을 갖게 된다.

아래 나열된 단어들을 보면서 마음에 와닿는 모든 단어에 동그라미를 친 다음 144페이지의 워크시트를 이용해 자신이 선택한 것들을 분석한다. 너무 오래 생각하지 말고, 직관적으로 고른다.

가족	도덕	색다름
감사하는 마음	도전	선제적인 태도
감상력	독창적	성공
강인함	동기 부여	성실
개성	동정	성장
건강	뛰어남	성취
격려	리더십	성취
결단력	마음이 따뜻함	소박함
겸손	마음챙김	수용
공감	매력	순진함
공동체	모험	시간 엄수
공정성	미니멀리즘	신뢰성
과감함	믿음직함	신용
관대함	발전	쓸모 있음
교양	배려	안전
균형	배움	안정됨
금전적 성공	변화를 가져옴	야망
기부	보안	열린 마음
낙관적	봉사	열성
다양성	사랑	열심
다재 다능	사려 깊음	열정
대담함	사심 없음	영감

영리함	자선	충성
영성	자유	친절
영향력	자율	쾌활함
예지력	자제력	타인이 나를 의지함
옹호	장난기	탁월함
완벽함	재미	팀워크
용기	재산	평온
용서	전통	평화
우수함	정열	포용성
우정	정의	표현력(생각이나 감정의)
웰빙	정직	품위
위험 감수	준비성	풍요
유대관계	중요성	프로 근성
유머	즐거움	행복
유연성	지략	헌신
이해심	지성	혁신
인간관계	지식	협동
인기	지혜	협력
인정	직관	호기심
일관성	진실성	호응
자기 계발	창의력	호화로움
자립	책무감	확신
자발성	책임	회복력
자비심	최고 되기	힘

앞 페이지에서 동그라미 친 가치들을 살펴본다. 유사한 것들이 있는가? 그렇다면 이들을 묶어 5개의 서로 다른 그룹으로 분류한다.

예를 들면, 다음의 것을 한 그룹에 넣을 수 있다.

- 동정
- 배려
- 사려 깊음
- 친절

위 가치들은 모두 비슷하다. 그러나 '동정'이 가장 마음에 와닿는 단어라고 느낀다면 그것에 동그라미를 치고 아래에 적는다. 나머지 4개의 그룹에서도 '최고' 가치를 골라 적는다.

최고 가치 #1

최고 가치 #2

최고 가치 #3

최고 가치 #4

최고 가치 #5

자신의 비전 보드로 돌아가서 위 가치를 추가한다.

당신에게 가장 중요한 가치는 무엇인가?

당신은 어디에서 가장 큰 성취감을 느끼는가?

당신이 존경하는 인물들은 누구인가?

자신이 원하는 결과를 구체적으로 파악하기

파이어 비전을 만들었고 핵심 가치를 확인했다. 이제 구체적으로 들어가 볼 시간이다.

스마트 목표

스마트(SMART) 목표는 자신이 원하는 결과를 정의하는 데 도움이 된다.

Specific = 구체적인
Measurable = 측정 가능한
Attainable · **A**chievable = 달성 가능한 · 성취 가능한
Related = 관련된
Time Bound = 기한이 정해진

나의 20대 초반 목표는 30세까지 10억원의 순자산을 보유하고 조기 퇴직의 선택권을 갖는 것이었다.

그 당시 파이어는 일반적인 용어가 아니었다. 나는 그저 10억원이 상당히 큰 금액처럼 느껴져서 그렇게 목표를 정했다.

타임머신이 있어 과거로 돌아갈 수 있다면, 이렇게 썼을 것이다:

Specific: 30세까지 10억원 이상의 순자산을 보유하고, 임대 부동산과 주식 배당금으로 매월 600만원 이상의 수동 소득 현금흐름을 확보하는 것이다.

Measurable: 구체적으로 정한 숫자를 매월 순자산과 현금흐름 보고서를 보며 확인하고 측정한다.

Achievable: 이 항목이 판단하기 가장 어렵다. 하지만 할 수 있다는 믿음을 동력으로 힘차게 나아간다.

Related: 파이어를 향한 여정이 다행히도 나의 목표와 일치한다. 다른 사람을 위한 가치 창출이라는 의미 있는 일을 하면서, 사업 파트너 및 직원들과 행복하게 지낸다.

Time Bound: 항상 진행 상황을 추적하고 확인하므로 순자산 목표가 눈앞에 다가왔을 때 정확히 알게 된다. 결국 목표대로 도달할 것이고 그 후로는 과거를 돌아보지 않을 것이다.

20대 내가 파이어에 대해 몰랐던 사실은 순자산이 자동으로 현금흐름을 만들어내지 않는다는 것이었다. 순자산을 복리 수익이 가능한 수단에 투자해야 했다. 나는 자산의 절반 이상을 투자했지만, 놀고 있는 순자산도 많았다. 놀고 있는 순자산이란 투자 수익률이 높지 않은 재산을 말한다. 다행히 아내가 계속 일하기를 원했기 때문에, 우리에게는 바리스타형 파이어로의 전환을 더 수월하게 해주는 현금흐름 완충장치가 있었던 셈이다.

가장 매력적인 사실은 매일 파이어에 신경 쓰지 않고도 순자산 목표에 도달할 수 있었다는 것이다. 나는 오히려 목표를 설정하고 난 후, 한동안 그것을 잊었다. 미리 모든 과정을 정해 놓으면 두뇌는 더 놀라운 일을 한다. 추측하건대 (여러분이 지금 하려는 것처럼) 내가 과거에 파이어에 관해 더 자세히 알았더라면, 수동 소득 목표도 쉽게 달성했을 것이다.

바로 이런 이유에서 자신의 비전, 가치, 결과에 관해 가능한 한 명확히 알아야 한다.

 Specific = 구체적인

 Measurable = 측정 가능한

 Attainable · **A**chievable = 달성 가능한 · 성취 가능한

 Related = 관련된

 Time Bound = 기한이 정해진

자신이 원하는 결과를 구체적으로 파악하기 워크시트

내가 원하는 파이어 결과

가능한 한 구체적으로 작성하고 자신의 SMART 목표를 명확하게 정의한다.

1. 당신의 파이어 금액은 얼마인가?

_____
_____
_____

2. 파이어 금액을 어떻게 달성할 것인가? 이 목표액에 맞춰 저축할 수 있도록 어떤 행동을 하고 어떤 습관을 만들 것인가?

_____
_____
_____
_____
_____

3. 경제적 자립을 위한 가속 수단 중 어떤 것에 집중할 것인가? 극단적 저축/ 투자인가? 부동산 투자인가? 기업가 활동인가?

_____
_____
_____

4. 오늘 당장 비용을 줄여 저축할 돈을 마련할 수 있는 항목은 무엇인가?

_____
_____
_____
_____

5. 지금 당장 추구할 수 있는 새로운 소득원이 있는가? 있다면 무엇인가?

_____
_____
_____
_____
_____

6. 언제 파이어를 달성할 것인가? 몇 년 후인가? 그때는 몇 살인가?

_____
_____
_____

전문가 도움 받기

돈 관리의 모든 책임은 다른 사람이 아닌 자신에게 있다. 궁극적으로 자신이 관리하고 전적으로 책임져야 한다.

이를 위해 시간을 내서 돈 관리와 관련한 기본 사항을 이해하고, 재무 공부를 하며, 측정 가능한 파이어 계획을 세워야 한다. 이런 준비를 마친 후, 목표를 향해 나아가는 중간에 어느 정도 다른 사람의 도움을 받을 수는 있다. 고려해 볼만한 유료 옵션을 살펴보자.

우선 누구에게 도움을 구할지 판단해야 한다. 재무 서비스 세계에는 수많은 상어(shark)가 있다. 상어 밥이 되어서는 안 된다. 조언과 영업 사이의 경계가 모호한 경우가 많아, 잘 모르면 이용당하기 쉽다. 어떤 경우는 수수료가 숨겨져 있어 눈에 띄지 않기도 한다.

또한 재무 전문가라 하더라도 파이어를 잘 모를 수 있다. 자신이 공부한 내용을 바탕으로 파이어 계획을 재무 전문가에게 설명할 수 있어야 한다. 전문가의 도움이 자신의 파이어 계획과 맞지 않으면, 빨리 다른 전문가를 찾아야 한다.

이렇게 함정이 많긴 하지만, 자신의 파이어 목표를 일관되고 효과적으로 달성하는 데 도움을 주는 뛰어난 전문가도 많다. 시작하기에 앞서, '수탁자'라는 용어에 익숙해지는 게 좋다. 수탁자(법률 행위나 각종 사무의 처리를 위임받은 사람이나 조직)는 위탁자(일 처리를 맡긴 사람)의 이익을 위해 행동한다는 신뢰가 있어야 한다.

왜 이 단어를 굳이 설명해야 하는지 궁금할 수 있다. 내가 고용한 사람이라면 당연히 내 편에서 일해야 한다는 생각이 들기 때문이다. 나 역시 그럴 거라고 생각했지만, 꼭 그렇지 않았다. 간혹 재무 및 금융 부문에서 일하는 중개인은 '적당한' 조언을 하고 만다. 여기에 사기가 끼어들 여지가 있다. 일부 중개인 혹은 전문가는 실제로 우리에게 필요한 상품을 권하는 게 아니라, 그들에게 더 많은 수수료가 생기는 상품을 팔려고 한다. 물론 모든 사람이 그런 건 아니다.

중개인을 자신의 자산 수탁자로 지정하기 위해서는 관련된 법과 규정을 조금 따져봐야 한다. 이는 나라마다 다를 수 있으므로 중개인에게 직접 수탁자의 의무를 다할 수 있는지 확인하는 것도 방법이다. 자신의 직감도 중요하다. 두려워하지 말고, 질문을 많이 하면서 해당 중개인이 자신을 위해 일할 사람인지를 파악해야 한다.

우리는 이미 파이어 공부를 많이 했다. 자신의 파이어 계획과 일치하는 상품과 서비스를 식별할 수 있어야 한다.

도움이 될 만한 전문가를 살펴보면 아래와 같다.

- **회계사** – 파이어 여정을 시작할 때는 재무 및 세금 문제가 크지 않을 수 있다. 하지만 자산을 취득하거나, 부동산을 소유하거나, 사업체를 운영할 때가 되면 재무 및 세금과 관련하여 자신의 상황에 맞는 최상의 조언을 해 줄 회계사가 필요할 수 있다.

- **변호사** – 자산을 보호하고 법적 책임을 최소화할 시기가 되면 수수료를 지급하더라도 좋은 변호사를 구해야 한다.

- **공인 재무설계사** – 개인 재무 계획, 유산 상속, 세금, 보험, 은퇴 계획 분야의 공인 전문가다.

- **은행원** – 사업이나 부동산 투자를 위해 자금을 조달할 때, 당신과 함께 뛰는 주전 선수가 된다.

파이어 전략의 개요 작성하기

이제 파이어 계획에서 자신만의 전략 개요를 작성한다.

이를 두 가지로 나누어 보자.
1. 파이어 핵심 전략
2. 파이어 가속화 전략

당신의 파이어 핵심 전략은 무엇인가?
파이어 핵심 전략은 파이어 계획의 기본 구성 요소로 이루어진다.

소득: 주요 소득원은 무엇인가? 시간이 지나면서 이를 최대화하기 위해 어떤 전략을 사용할 것인가?

_____
_____
_____
_____
_____

저축: 최소한의 저축/투자 비율 혹은 금액은 얼마인가?

_____
_____
_____
_____
_____

투자: 어떻게 투자할 것인가? 퇴직 연금, 개인연금 등 회사가 제공하는 여러 가지 프로그램에 적극적으로 참여하고 있나? 회사가 제공하지 않는 투자 상품에 가입했는가?

_____
_____
_____
_____
_____

투자 전략: 인덱스 펀드에 수동적으로 투자할 것인가, 아니면 적극적으로 직접 투자를 할 것인가? 시장 폭락에 대비한 투자 지침을 만들어 놓았는가?

_____
_____
_____
_____
_____

당신의 파이어 가속화 전략은 무엇인가?

파이어 핵심 전략은 목표 달성을 위한 기본 요소다. 그 자체로 독립적이고 견고한 기초가 되어야 한다.

자동으로 저축하고 투자하는 습관을 들였다면 한층 여유가 생긴다. 이제 파이어에 도달하는 시간을 단축하기 위해 파이어 가속화 전략의 개요를 작성해보자. 경제적 자립에 도달하는 시간을 단축하려면 뛰어난 투자 전략 혹은 좋은 사업 아이디어가 있어야 한다.

우리는 이미 경제적 자립을 가속하는 세 가지 전략을 배웠다.

- 극단적 저축/투자
- 부동산 투자
- 기업가 정신

이 중 어느 전략으로 시작할 것인가? 그 이유는 무엇인가?

이 전략을 활용하면 어떤 이점이 있을 것으로 기대하는가?

경제적 자립의 가속 수단에 관해 공부할 수 있는 세 가지 방법을 찾아 적는다. (책, 강좌, 코칭 등)

언제 시작할 것인가? 함께 할 사람이 있는가?

파이어 이정표: 타임라인

파이어 계획의 마지막 단계는 파이어 달성을 향한 타임라인에 따라 이정표를 만드는 것이다.

파이어 여정은 일종의 마라톤이다. 이정표를 이용하면 자신의 여정을 평가하고, 그 과정에 있는 작은 축하 지점들을 정의하는 데 도움이 된다. 또한 전체 진행 상황을 추적할 수 있고, 다음 이정표에 도달하기 위해 지속적으로 노력하는 동기가 되기도 한다.

다음에 나오는 이정표 사례는 파이어 금액이 15억원인 것을 가정한다. 실제 파이어 금액은 자신의 선호에 따라 낮거나 높을 수 있다.

여기에 있는 숫자와 문구는 예시일 뿐이다. 인플레이션이 지속적으로 돈의 가치를 떨어트린다. 따라서 이 글을 언제 읽고, 어느 나라에 사느냐에 따라 수치나 금액이 조정되어야 한다. 이정표를 자신이 합당하다고 여기는 숫자로 업데이트하면 된다.

0원

제로에 도달하기

빚이 많은 사람에게는 이런 시작만으로도 큰 성취가 된다. 많은 사람이 소비주의의 유혹에 넘어가 희생양으로 전락하지만, 그렇다고 해서 그 상태에 머물러 있으라는 법은 없다. 나는 순전히 의지와 결단만으로 힘겹게 빚에서 탈출한 사람들의 이야기를 수없이 접했다. 그래서 제로에 도달한다는 것 자체가 이미 앞으로 나아갈 추진력을 만들었다는 의미가 된다.

1,500만원

첫 번째 비상 자금(3~6개월 치 생활비)

훌륭하다. 계획적으로 현금흐름을 관리하면서 3~6개월 치 생활비에 해당하는 든든한 비상금을 모았다. 이 자금을 계속 유지한다면 하루 벌어 하루 먹고사는 생활에서 벗어날 수 있다. 계속 나아가면서 투자를 시작한다.

1억원

첫 1억원

사람들은 첫 1억원을 모으기가 가장 어렵다고 한다. 이제 제로에서 시작해 부지런히 순자산을 불려 나가고 있는 상태다. 이제 9자리 숫자에 도달했다. 10자리 숫자에도 곧 도달할 수 있다. 자신을 칭찬하며 앞으로 나아간다.

5억원

10억원으로 가는 중간 시점

일관된 노력과 행동은 놀라운 결과를 만든다. 이제 저축과 투자 습관이 어느 정도 자리 잡았고, 5억원에 도달했다는 사실은 이제부터 추진력을 얻어가고 있다는 확실한 신호다. 돈이 불어나는 속도가 더욱 빨라질 것이다.

10억원

백만장자 클럽 가입을 축하한다

달러로 하면 백만장자 반열에 오른 셈이다. 이는 결코 우연이 아니다. 자신의 신념과 행동으로 여기에 이르렀고, 이제부터는 어느 때보다 더 많은 선택권을 갖게 되었다. 파이어 목표가 멀지 않음을 알기에, 이 이정표는 큰 의미가 있다.

15억원

파이어 달성

꿈같은 일이 현실이 되었다. 드디어 해냈다. 성공을 축하할 때다. 바라던 대로 파이어를 달성했고 이로써 얻은 보상은 자유다. 이제 자신의 시간으로 무엇을 할지는 전적으로 자신에게 달렸다.

수십억원 이상

파이어에 도달했다고 돈벌이를 중단할 필요는 없다. 두 번째 10억원 혹은 그 이상을 만드는 일은 첫 번째 10억원을 만드는 것보다 훨씬 쉽다. 이제 돈의 달인이 되었고 다른 사람을 가르칠 능력도 생겼다.

파이어 이정표 워크시트

자신만의 맞춤형 파이어 이정표 타임라인을 만들어 보자.

- 시작하기 앞서 당신의 파이어 금액은 얼마인가?
- 앞 페이지 사례에 나온 이정표를 쓰거나, 그것을 자신의 필요에 맞게 바꿔 쓰거나, 자신만의 것을 새로 만든다.
- 몇 개의 이정표가 있으면 될까? 앞 페이지 사례에는 먼저 5개의 이정표가 있고, 6번째 이정표에서 파이어에 도달하는 것으로 되어 있다. 파이어 이후 이정표가 있는 이유는 파이어 금액을 달성한 후에도 일부 사람들은 계속 전진하길 원할 수도 있어서다.

나의 파이어 이정표 타임라인
이정표의 이름을 정하고 각각의 의미를 적는다.

1. _____
_____
_____
_____

2. _____
_____
_____
_____

3. _____
_____
_____
_____

4. _____
_____
_____
_____

5. _____
_____
_____

6. _____
_____
_____

적극적으로 행동하기

우리는 지금까지 신념을 키우고, 효과적인 파이어 전략을 학습하며, 계획을 세우는 데 많은 시간을 할애했다. 이제 행동에 옮길 때다.

많은 시간과 정성을 들여 파이어 사고방식을 만들었다. 따라서 행동을 취하는 데 큰 문제는 없을 것이다. 설레거나 불안할 수도 있지만 우리는 지금 도전을 받아들일 준비가 되어 있다.

> "꿈은 크게 꾸되, 작게 시작하라. 그러나 반드시 지금 시작하라."
>
> 사이먼 시넥

어디서부터 시작해야 할까?

파이어 계획을 세웠다. 어디서부터 시작하겠는가?

기쁜 사실은 당신이 이미 시작했다는 것이다. 배우고 계획하는 것도 행동의 일부다. 그리고 자신이 현재 재정적으로 어느 위치에 있는지를 그 어느 때보다 더 잘 알게 되었을 것이다. 이만하면 완벽하다.

일단 달성하기 쉬운 목표를 찾아 착수하면서 추진력을 만들어 간다.

여전히 어렵고 생소하다는 생각이 들면 기본으로 돌아간다. 재무 공부를 계속하는 것이다. 앞서 밝혔던 각종 소비 관련 부채를 먼저 청산한다. 그리고 매달 저축/투자하는 습관을 기른다.

진도가 많이 나간 상태라면 수입을 늘려 더 많이 저축하고 투자하는 데 집중하는 게 좋다. 포트폴리오를 검토하고 그것이 파이어 목표와 일치하는지 확인한다.

추진력 만들기

계획과 달리 행동이 갖는 가장 큰 장점은 하면 할수록 쉬워진다는 사실이다. 이를 통해 새로운 습관을 만들어 나간다.

돈이 당신을 위해 일하게 만드는 것처럼, 습관도 당신을 위해 일하게 하라.

신념 〉 행동 〉 결과

어쨌든 행동한다

철저히 준비하고 하나씩 이뤄 나가면 항상 원하는 결과를 얻는다고 말할 수 있으면 좋겠다. 그러나 아쉽게도 그렇지 않다.

그럼에도 우리는 성공할 수 있는 최적의 위치에 섰다. 일이 잘못되더라도 낙심할 필요는 없다.

나는 주식 시장에 투자한 첫 8년 동안 온갖 실망과 후회에 시달렸다. 주식 자산은 좀처럼 불어나지 않았지만, 어쨌든 매달 투자했다.

내 전략이 나빴던 것은 아니다. 하지만 당시는 '잃어버린 10년'으로 알려진 약세장에 빠졌던 시기다. 다행히도 계속 주식 시장에 남아, 역사상 가장 긴 강세장에 참여할 수 있었다. 결국 수익이 늘었고 만족스러운 성과를 냈다.

지난 몇 년 동안 자신의 성공이 두려움에 맞서 행동한 덕분이라고 말하는 사람을 수없이 만났다. 완벽한 준비가 되어 있어도 행동을 취하기 어려운 경우가 많다.

'어쨌든 행동하라'고 강조하는 이유다. 행동하지 않으면 기대할 것도 없다. 파이어가 아니어도 인생 최고의 보상은 늘 두려움 건너편에 있다.

> 기다리지 말고
> 지금 행동하라!

사례 연구
적극적으로 행동하기

경제적 자립을 위해 누구보다도 적극적으로 행동한 사람은 바로 돔(GenYFinanceGuy.com)이다.

흙수저였던 돔은 놀라운 삶을 살았다. 부모는 모두 마약 중독자였고 아버지는 필로폰 판매 혐의로 10년 내내 감옥을 드나들었다. 그의 가족은 정부가 제공하는 복지에 의지해 살았고, 그는 어렸을 때부터 숱한 고생을 했다.

돔이 나쁜 무리에 섞여 마약과 범죄에 빠질 것이라는 생각에 반대하는 사람은 한 명도 없을 정도였다. 하지만 그는 환경의 희생양이 되지 않았다.

돔은 조부모님 손에 자랐다. 거기서 그는 인생의 성공이 오로지 자신에게 달렸다고 판단했다. 고등학교와 대학교를 모두 우등으로 졸업한 그는 기업 재무 분야에서 일을 시작해 헌신적인 직업윤리를 보여주며 뛰어난 성과를 냈다. 이 기간에 그는 재무와 파이어에 관해 가능한 한 모든 것을 배우기로 마음먹었다.

돔은 몇 가지 공격적인 목표를 정하고 꾸준히 노력했다. 이후 몇 년 동안 전략적으로 회사를 옮겼고, 30세가 채 되지 않은 나이에 임원 자리에 올랐다. 돔은 짧은 몇 년 동안 자신의 연봉을 세 배 늘렸다. 게다가 사내 기업가로 회사의 가치를 높이는 일에 참여했다.

또한 연봉으로 수억원의 돈을 받았지만 생활은 검소했다. 결국 몇 년 만에 현금흐름과 순자산이 폭발적으로 증가했다. 돔은 전업 기업가로서 새로운 회사를 설립하고 첫해에 수십억원의 매출을 올리는 기업을 만들었다. 적극적으로 행동할 수 있었던 것은 낙관적 태도와 야망에서 비롯되었다. 돔은 '모든 것'이 학습 가능하다고 믿는다.

이렇게 인상적인 성장을 보인 돔은 블로그를 시작했다. 그는 적극적인 행동과 그에 따른 보상에 관해 사람들에게 숨김없이 공개했다. 돔은 많은 사람에게 영감을 주는 존재, 자신의 기대치에 미치지 못하는 것에는 만족하지 않는 멋진 본보기가 되었다.

돔은 파이어에 가장 잘 어울리는 1등 후보다. 그의 추진력을 보면 경제적 자립을 바탕으로 자신의 왕국을 일궈 끝내는 부유형 파이어에 진입할 것으로 보인다. 아내, 아들과 함께 캘리포니아 남부에 살고 있는 돔은 회사를 운영하면서도 가족과 많은 시간을 함께하고 있다.

> "돈 그리고 돈을 벌 수 있는 기회를 제한하는 것은 자신을 제한하는 신념뿐이다."
>
> 돔

성과를 평가하고, 조정하며, 달성하기

지금까지 멋지게 잘해왔다. 적극적으로 행동했으니 이제 예상한 성과를 손에 쥘 차례다.

이번 단계는 지금까지의 전략과 행동이 효과가 있었는지 평가한다는 의미에서 중요하다.

제대로 계획을 세웠고, 성공 사례를 보며 꾸준히 노력했다면 긍정적인 성과가 있었을 가능성이 높다.

이제 그 성과가 얼마나 긍정적인가 하는 문제가 남았다. 자신의 행동이 효과적이었는가? 개선의 여지는 없었는가?

예를 들어 보자.

이 책을 읽고 지출을 좀 더 계획적으로 해야겠다는 의욕이 생겼다. 불필요한 구독 서비스를 끊고, 외식을 줄이며, 심지어 주거비가 낮은 지역으로 집을 옮겼다. 이렇게 비용을 줄여 매달 100만원의 돈을 추가로 저축했다.

"이젠 무얼 해야 하지?"라는 의문이 생긴다. 처음에는 지출을 줄이는 일이 아주 어려울 것 같았지만, 몇 달을 지내고 보니 편안함에 대한 새로운 기준이 생겼다. "이렇게 해 보니 그리 나쁘지 않네. 뭔가를 특별히 놓치고 있다는 생각도 안 들고, 여느 때보다 더 많은 돈을 모으고 있어. 어쩌면 지출을 더 줄일 수도 있겠어."

그러고 나서 다음 몇 달 동안, 자동차 이용을 줄여 절약한 기름값으로 멋진 중고 자전거를 사서 이동 수단으로 사용한다. 이제 월 120만원을 저축한다. 도심에서 쉽게 이동할 수 있고 건강에도 좋다. 심박수를 높이니 삶에 활력이 생기고 행복감과 집중력이 높아진다.

위 사례에서 성과 분석을 하며 새로운 추진력을 만들어내는 과정이 눈에 보였는가? 이로써 성장을 북돋우는 신념이 강화되고, 이는 또다시 새로운 행동과 새로운 성과로 이어진다.

성공을 쌓아가는 것은 비범한 일이다. 이를 반복하면 습관이 된다. 그리고 충분한 조정과 적극적 행동으로 원하는 성과를 만들 수 있다.

여기까지 왔다면, 그동안 끈기 있게 지속적으로 잘해온 셈이다.

신념 〉 행동 〉 결과

조정하기 워크시트

자신의 새로운 행동을 곰곰이 살펴보고 각 행동에 대한 다음의 질문에 답한다.

1. 어떤 유형의 새로운 행동을 시작했고 얼마나 오래 했는가?

2. 당신의 노력이 원하는 성과를 내고 있는가? 예상보다 빠른가 아니면 느린가?

3. 성과를 더 좋거나 더 효과적으로 만들려면, 행동을 어떻게 조정해야 하는가?

4. 당신의 행동에 의도하지 않은 부작용이 있는가?

5. 새로운 행동을 통해 배운 것은 무엇인가?

6. 새로운 행동을 습관으로 만드는 게 좋은가? 그렇지 않다면, 어떤 행동으로 이를 대체할 수 있겠는가?

원하는 결과 달성하기

지속적으로 긍정적인 성과를 만들어내고 있다면, 각각의 행동을 습관으로 고정해야 한다. 이런 방식으로 성공 위에 성공을 쌓아 올리면, 궁극적으로 장기 목표와 자신이 원하는 결과를 달성할 수 있다.

긍정적인 성과가 이어지면, 이는 새로운 행동의 동기로 작동하고 목표를 이룰 수 있다는 신념이 확고해진다.

한번 성취하면, 그것을 재현하는 것은 훨씬 수월하다. 또한 원하는 성과를 달성하면, 무사안일에서 벗어나 새로운 일을 시도할 자신감이 생긴다. 이는 파이어 여정뿐 아니라, 완전히 별개의 영역(예: 건강과 체력)에서도 그렇다.

이 성공 공식은 삶의 모든 영역에서 도움이 된다. 남은 일은 '다시 그 과정을 반복'하는 것이다. 맞다. 계속 그렇게 하면 된다.

인간을 기계처럼 프로그래밍하면 좋겠다는 생각도 든다. 하지만 노력 없이 그대로 영원히 반복할 수는 없다. 시장은 늘 바뀌고 관련된 변수도 그에 따라 변한다. 평가를 통해 자신이 유연하게 대처하고 있는지를 끊임없이 재점검해야 한다.

반복하기

지금까지 지나온 과정을 되돌아보자.

1. 성장을 제한하는 신념을 북돋우는 신념으로 바꾸었다.
2. 부에 이르는 다양한 수단과 이를 경제적 자립에 적용할 수 있는 방법에 관해 공부했다.
3. 궁극의 자유로 이끌 파이어 계획을 세웠다.
4. 적극적인 행동으로 계획을 실행했다.
5. 성과를 관찰하고, 평가한 다음, 원하는 결과를 이루기 위해 행동을 조정했다.

인생과 파이어 여정은 일직선이 아니다. 때로는 미끄러지고, 흔들리고, 추진력을 잃기도 한다. 그렇다고 당황할 필요는 없다. 우리는 성취의 경험이 있다. 다시 해낼 수 있음을 잊지 말자.

성취감과 기쁨 누리기

파이어 여정을 무사히 마치고 성취를 이루면 두말할 나위 없는 행복이 찾아온다. 큰 성취뿐만 아니라 작은 성취도 축하하자. 심지어 실수와 좌절을 축하하는 것도 괜찮다. 우리는 모두 균형 있게 보는 능력이 있음을 기억하자.

"여기에는 또 다른 의미가 있는가? 좌절에서 배운 새로운 교훈은 무엇인가?"와 같이 성장을 북돋우는 질문을 자신에게 해 보자. 그로부터 무언가를 배운다면 두 번 실패하지는 않을 것이다. 탐색하기, 넘어지기, 다시 일어나 달리기를 배우는 것 역시 성취의 일부다.

보상에 눈을 떼지 않는다

파이어 여정은 단거리 달리기가 아니라 마라톤이다. 보상이 있어야 오래 달릴 수 있다. 파이어 계획을 자주 되새기고 반드시 비전 보드(138페이지 참조)를 일상생활 속에 통합한다.

파이어 여정에 있어서 대부분의 사람은 후반부를 전반부보다 훨씬 빠르게 느낀다. 일단 소득을 가속하고, 저축을 늘리고, 복리가 자신을 위해 일하게 하면, 긍정적 추진력이 생기면서 마침내 결승선을 통과할 것이다.

파이어 계획 요약: 모든 계획 통합하기

잘해왔다. 지금까지 많은 노력을 했고, 최선을 다해 뛰었으며, 이제 파이어 달성을 위한 상세한 계획을 갖기에 이르렀다.

그러나 명확하고도 간결하며 빠르게 참조할 수 있는 단순한 계획이 있어야 한다.

계획이 복잡하면 실행이 어렵다. 이제 파이어 여정에 담긴 모든 계획을 통합해 읽기 쉬운 요약본을 만든다.

나의 파이어 계획 요약

1. 자신이 만든 파이어 비전 보드를 참고하여 파이어 비전을 문장으로 적는다.

_____
_____
_____
_____
_____
_____
_____

2. 핵심 가치는 무엇인가?

_____
_____
_____
_____
_____
_____
_____
_____

3. 구체적인 성과 – 자신이 정한 SMART 목표는 무엇인가?

_____
_____
_____
_____
_____
_____
_____

파이어 비전 보드와 이 파이어 계획 요약을 발판으로 삼아 힘차게 날아오를 것이다.

이제 계획을 실행하기 위해서는 약간의 결심과 많은 끈기 그리고 유연한 능력이 필요하다. 할 수 있다고 믿으면 그대로 된다.

> "명확한 계획이 뒷받침하는
> 선명한 비전은
> 엄청난 자신감과
> 뛰어난 능력을
> 갖게 한다."
>
> 브라이언 트레이시

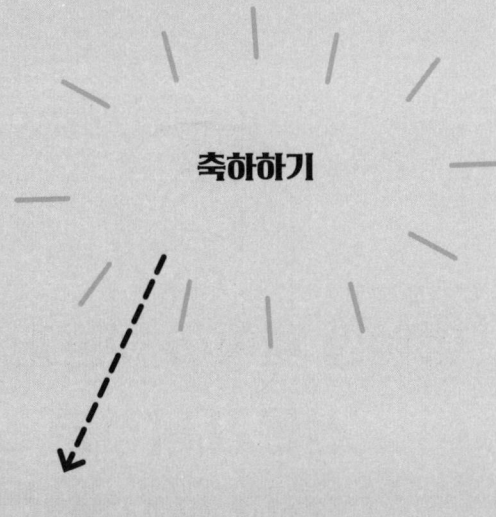
축하하기

조기 은퇴

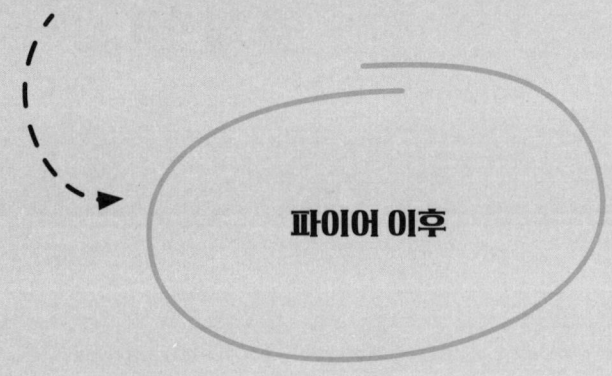
파이어 이후

6

파이어 달성 후 할 일

축하하기!

축하: 곰곰이 되짚고 되새기기

정말 축하한다. 당신은 경제적 자립 달성이라는 환상적인 일을 해냈다.

그 얼마나 꿈에 그리던 순간인가? 이 경이로운 업적을 이루기 위해 끈질기게 노력하고 성장해야 했다는 사실에는 의심의 여지가 없다. 이제 축하하는 것을 잊지 말자!

가끔 목표에 지나치게 집중한 나머지, 목표에 도달하고도 순간적으로 그 거대한 성공을 알아채지 못하는 경우가 있다. 이는 현재에 살고, 성취와 그에 따른 보상을 즐기는 일이 얼마나 중요한지를 모르고 있는 것이다.

경제적 자립에 이른 것을 축하하는 것에는, 그 과정에서 배운 것을 곰곰이 되짚는 일도 포함된다. 이를 통해 그 순간들을 음미하고, 새로운 관점과 통찰을 얻을 수 있다.

잠시 멈추어 그 여정을 되짚다 보면, 감사와 풍요로움을 느끼게 된다. 이것이야말로 우리가 그토록 열심히 노력해 얻으려 했던 바로 그 감정이다!

파이어 버킷 리스트 만들기

새로운 파이어 삶에서, 하고 싶었던 멋진 일을 모두 파이어 버킷 리스트로 만들어 보자. 어디서부터 시작해야 할지 모르겠는가? 내가 가졌던 생각을 공유하면 다음과 같다.

- 가족과 함께 자동차 여행을 간다.
- 새로운 언어를 배운다.
- 피아노를 더 많이 연주한다.
- 블로그를 시작한다.
- 주 1회 멋진 바닷가로 낚시를 간다.
- 교회에서 자원봉사한다.
- 차고를 정리한다.
- 해변에 놀러 간다.
- 최고의 아빠가 되는 법을 배운다.

파이어를 향한 여정에서 무엇을 배웠는가?

파이어 여정에서 당신은 어떤 사람이 되었는가?

파이어 달성으로 가장 좋은 점은 무엇인가?

파이어 달성 이전과 비교해 당신은 어떻게 달라졌는가?

파이어 여정에서 만났던 사람은 누구인가?

파이어 비전 보드 검토하기

되돌아가서 자신이 만든 파이어 비전 보드를 돌아볼 시간이다.

비전 보드는 파이어 여정 내내 당신과 함께 했는가, 아니면 잠재의식에만 남아 있었는가?

어느 쪽이었든 이제 파이어를 이루었다. 이 상황에서 하고 싶은 일을 자유롭게 살펴보자. 흐뭇한 일이다.

비전 보드 항목을 파이어 버킷 리스트로 변환하는 것도 좋다. 그것은 경제적 자립 혹은 조기 은퇴의 상황에서 자신이 하고 싶은 재미있고, 매혹적이며, 만족스러운 활동 목록이 되기도 한다.

조기 은퇴

지금까지 많은 시간을 들여 파이어 공식의 경제적 자립 부분을 집중적으로 다루었다. 이제 또 다른 부분인 조기 은퇴와 함께 시간을 보낼 차례다.

조기 은퇴란?

조기 은퇴 또는 조기 퇴직이란 전통적으로 인정되는 은퇴 연령(60~65세)이 되기 전에 더 이상 돈을 위해 일하지 않기로 결정하는 것을 말한다.

조기 은퇴는 몇 가지 이유에서 전통적 은퇴와 차이가 있다.

먼저 은퇴라는 단어를 알아보자. Dictionary.com은 이를 "퇴직하는 행위, 즉 나이 때문에 직장, 경력, 또는 직업을 영구적으로 떠나는 행위"로 정의한다. 대부분의 사람은 전통적인 은퇴를 일의 완전한 중단으로 생각한다.

조기 은퇴는 다르다. 조기 은퇴자는 흔히 예상 수명의 절반 이상을 남겨두고 있어서, 몇 가지 독특한 과제와 기회가 주어진다.

조기 은퇴자가 해결해야 할 최대 과제는 향후 수십 년 동안 소득을 창출할 수 있는 투자 수단을 결정하는 일이다. 알다시피 이러한 성과를 달성하는 데는 세 가지 주요한 부의 수단, 즉 극단적 저축/투자, 부동산 투자, 기업가 정신이 있다. 이들 수단은 모두 연간 지출 비용을 일정한 기간까지, 이상적으로는 무기한으로까지 충당할 수 있는 수동 소득의 현금흐름을 창출한다.

조기 은퇴자가 얻는 가장 큰 기회는 인생의 소중한 자산인 시간을 되찾는 것이다. 시간은 열망하는 모든 것을 추구할 수 있는 자유를 준다. 일할 자유도 있고 일하지 않을 자유도 있다. 조기 은퇴자가 여유 시간을 이용해 계속 회사를 설립하거나 회사에 다시 취직한다면, 이들이 진짜 은퇴한 것인지 의문을 제기할 수 있다. 하지만 맞다. 그들은 여전히 조기 은퇴자로 간주된다.

조기 은퇴자이냐 아니냐 여부는 어느 길이든 선택할 자유가 있느냐 없느냐로 구분 또는 결정된다. 전통적 은퇴의 정의에 딱 들어맞지 않아도 괜찮다. 조기 은퇴는 전적으로 선택에 관한 것이다. 자신의 가치관과 일치하는 열정적인 일에 집중한다면, 조기 은퇴 이후에도 신나게 일할 수 있다.

> **💡 파이어 팁**
>
> 일하는 조기 은퇴자는 실제로 은퇴한 것이 아니다. 이 말이 맞는가, 틀리는가?
>
> 틀리다. 조기 은퇴자는 일이나 소득으로 정의되는 것이 아니라 금전적 제약 없이 자신이 하고 싶은 것을 정확히 선택할 수 있느냐로 정의된다.

준비되었는가?

은퇴하느냐 하지 않느냐, 그것이 문제로다!

당신은 경제적 자립을 위해 열심히 일했다. 조기 은퇴할 준비가 되었는가? 그렇다면 실행에 옮기자. 조기 은퇴를 하지 않아도 괜찮다.

작은 비밀을 털어놓을 때가 됐다. 파이어(FIRE)가 굳이 경제적 자립, 조기 은퇴(Financial Independence, Retire Early)만을 의미할 필요는 없다. 그것은 경제적 자립, 적격 은퇴(Financial Independence, Retire Eligible)를 의미할 수도 있는데, 나는 이것이 좀 더 정확하다고 생각한다.

단순하게 보면 이는 경제적 자립을 통해 자유를 찾았고, 언제든 원할 때 은퇴할 준비가 되어 있음을 의미한다. 당신은 끈기와 근면한 행동으로 그 자유를 얻었고, 누구도 그것을 빼앗을 수 없다. 이제 이 약어가 어떻게 느껴지는가?

조기 은퇴의 옵션

다음으로 넘어가기 전에 자신에게 적용 가능한 조기 은퇴 옵션을 확인하자.

1. 일을 완전히 멈춘다.
2. 일을 계속하고 파이어 비축금을 늘린다.
3. 근무 시간을 크게 줄여 시간제로 일한다.
4. 현재 직장을 그만두고 열정적으로 일할 수 있는 분야에서 새로운 일을 시작한다.

이렇게 '은퇴' 또는 '은퇴하지 않음' 말고도 다른 선택지가 생겼다. 여기 나온 선택지들을 바꿔 자신에게 맞는 새로운 형태를 만들 수도 있다.

170~171페이지에 있는 내용을 참고하면, 자신이 준비되어 있는지 여부를 판단하는 데 도움이 된다.

조기 은퇴하지 않기

조기 은퇴를 하지 않기로 선택한다면, 계속 일하는 것 외에는 할 것이 많지 않다. 이러한 선택을 한 이유가 무엇인가? 여전히 일찍 은퇴할 계획이긴 하지만 이대로 조금 더 일할 것인가? 그렇다면 파이어 계획으로 돌아가 그에 따라 조정한다.

시간제 일

회사와 논의하여 시간제 근무를 선택할 수도 있다. 건강 보험과 같은 특정한 혜택을 유지하려면 근무시간에 대한 일정한 조건이 있을 수도 있다.

이는 여전히 파이어 비축금을 늘리면서 동시에 많은 자유 시간을 추가로 누리는 혼합 모델이다.

여유 시간에 하고 싶은 다른 활동이 있다면 파이어 계획을 조정한다.

조기 은퇴

파이어 계획을 애초 설계한 대로 실행하는 경우다. 일찍 은퇴하면 무엇이 가장 좋을까?

이를 고려하면서 조기 은퇴 계획을 상세히 작성한다. 은퇴 소득이 어디에서 나오는지, 건강 보험의 보장 범위는 어떻게 되는지, 최악의 상황에 어떻게 대비할지를 꼼꼼하게 따져본다. 그러면 수월하게 조기 은퇴할 자신감이 생긴다.

조기 은퇴를 하는 이유
- 더 단순한 삶을 위해
- 일하지 않고도 여행할 수 있는 자유를 위해
- 생활비의 25배 이상을 마련해 놓아서
- 인생의 다음 장을 시작할 준비가 돼 있어서
- 사랑하는 사람과 더 많은 시간을 보내고 싶어서
-
-
-
-
-
-
-
-
-
-
-
-
-
-
-
-

계속 일해야 하는 이유
- 파이어 비축금을 계속 늘려야 해서
- 지금 하는 일이 즐거워서
- 지금 함께 일하는 사람들이 좋아서
- 지금 일에 보람이 있어서
- 일은 내 정체성의 일부이며 자긍심을 주어서
-
-
-
-
-
-
-
-
-
-
-
-
-
-
-
-

조기 은퇴 워크시트

조기 은퇴할 준비가 되었는가? 이 워크시트를 이용하면 조기 은퇴 결정에 도움이 된다.

조기 은퇴로 가장 기대하는 것은 무엇인가?

_____

_____

_____

_____

조기 은퇴에서 가장 큰 걱정거리는 무엇인가?

_____

_____

_____

_____

직장 생활을 그만둬도 될 만큼 모아놓은 자신의 비축금이 충분하다는 사실에 만족하는가?

_____

_____

_____

_____

생존에 필요한 자금을 인출할 전략이 마련돼 있는가?

_____

_____

_____

_____

투자로 인한 추가 현금흐름이 있는가?

_____

_____

_____

_____

지금의 회사에서 경력을 끝낼 준비가 돼 있는가?

_____

_____

_____

_____

안전장치 – 수익률 순서

파이어 계획에 맞춰 모든 것이 이뤄졌는가? 모든 것이 차질 없이 진행되었는가? 제아무리 계획을 잘 세우고 철저하게 실행한다 하더라도 늘 예상치 못한 일이 생긴다. 하지만 우리는 이런 상황에도 재빨리 적응할 수 있다. 파이어 이후를 위해서도 이 사실을 기억해 두자.

파이어를 달성했다고 해서 갑자기 모든 숫자를 무시해서는 안 된다. 시장과 경제 상황은 늘 바뀌고 모든 변동에 대비할 수 있는 사람은 없기에, 유연한 자세로 항상 주의를 기울여야 한다.

예를 들어, 운이 좋아 조기 은퇴 이후 주식과 부동산을 포함한 자산 시장이 장기적인 강세장에 진입한다면 걱정이 없다. 그러나 반대의 상황이 발생하고 자신의 포트폴리오 가치가 하락하는 동안, 거기에서 돈을 인출해야 한다면 어떻게 해야 할까? 이를 가장 잘 설명하는 개념이 '수익률 순서 위험(sequence of return risk)'이다. 바꾸어 말해, 계좌에서 돈을 인출할 때 강세장보다 약세장에서 손해가 더 크다는 말이다. 일정 기간 전체적으로 같은 평균수익률을 달성했다고 하더라도 높은 수익률(강세장)이 먼저 오고 낮은 수익률(약세장)이 나중에 오는 경우가 낮은 수익률(약세장)이 먼저 오고 높은 수익률(강세장)이 나중에 오는 경우보다 최종적으로 자산 규모가 더 크고 자산의 수명도 더 길다.

장기적으로 보면 약세장을 이길 수 있다는 통계가 여전히 희망을 주긴 하지만, 그럼에도 여전히 위협적인 것만은 사실이다. 조기 은퇴를 하는 시점에서의 안전장치 또는 대비책을 세우는 것이 바람직한 이유다.

파이어 금액을 산정하는 데 이용했던 4% 규칙(66페이지)을 기억하는가? 그런데 약세장에 진입하고 있다면, 인출 금액을 줄여야 한다. 이것이 현명한 조치다. 시장이 회복세로 돌아설 때까지 3%만 인출해야 된다는 사실을 바로 깨달을 것이다.

마지막으로, 원한다면 언제든 다시 일을 시작할 수 있음을 잊지 말자. 불안한 시기가 지속되는 경우, 소득을 보충해야 할 수도 있다. 바리스타형 파이어의 경우, 시간제 일로 추가 소득뿐 아니라 건강보험의 가입 기회도 얻는다.

이 모든 것이 당신의 파이어 스토리다. 자신에게 적합한 것을 선택한다.

다음 워크시트를 사용해 조기 은퇴 안전장치를 계획한다.

안전장치 - 수익률 순서 워크시트

많은 시간을 들여 거의 모든 시나리오에 대비한 계획을 세웠다. 하지만 조기 은퇴하면서 자산 시장이 약세장에 진입할 경우 대비책이 있는가?

워크시트를 이용해 불확실한 상황에서 벗어날 방법을 찾는다.

1. 연간 지출을 더 낮추어 생활할 수 있나? 얼마나 더 줄일 수 있는가?

_____
_____
_____

2. 조기 은퇴 기간에 소득을 보충할 수 있는 방법은 무엇인가?

_____
_____
_____
_____

3. 파이어 비축금이 _____원 줄어든다면 ___년 후에 다시 일을 시작할 의향이 있는가?

_____
_____
_____

4. 주요 지출을 줄이는 다른 방법은 무엇인가? 예를 들어, 생활비 절감을 위해 이사를 할 의향이 있는가?

_____
_____
_____
_____

5. 시장 위험을 완화하기 위해 어떻게 자산 배분을 재조정했는가?

_____
_____
_____

6. 조기 은퇴를 하는 시기에 자산 시장이 약세장에 진입한다면 다시 일하는 것을 고려했는가? 어떤 일을 할 수 있을 것인가?

_____
_____
_____

직장 그만두기

크게 심호흡한 후, 당당하게 사장실로 들어간다. 사장은 당신을 쳐다보며 이렇게 말한다. "일은 안 하고 웬일인가? 또 뭘 도와달라고 하는 건 아니겠지? 자네는 왜 일을 똑바로 할 생각은 안 하고 자꾸 찾아오지?"

당신은 사장을 보며 '씨익' 웃는다.
"뭐가 그리 우습나? 그런 미소는 보기 안 좋네. 금방 후회할 텐데"라고 사장은 호통치듯 내뱉는다. 당신은 "할 말이 있어서 왔습니다. 저 그만둡니다!"라고 외치고는 문을 쾅 닫고 나간다.

더 이상 사장을 위해 일할 필요가 없다. 사장과 회사는 당신이 파이어 계획에 줄곧 공들여 왔다는 사실을 아예 눈치채지 못했다. 그리고 당신은 그 계획을 방금 정확하게 실행했다. 이제 공식적으로 은퇴한 것이다.

물론 이런 예가 현실과 맞지 않을 수 있다. 하지만 당신이 꾸준히 파이어를 향한 여정을 걸어왔다면, 마지막 근무 날을 몇 번이고 마음속에 그려보았을 것이다.

드디어 그때가 눈앞에 왔다. 당신은 공식적으로 직장을 그만두기로 결정한다. 하지만 잠깐! 어느 문이든 쾅 닫기 전에, 회사를 그만두는 가장 좋은 방법을 알아보자.

무엇보다 조기 은퇴 워크시트를 완성했는지 확인한다. 모든 것이 흡족한가?

그렇다면 바로 사장실로 가서 사직서를 제출하기 전에, 회사를 나가면서 사장이나 회사에 도움이 되는 일이 있는지 묻는 게 좋다.

위의 극적인 예를 떠올리면, 속은 시원할 수 있지만 현실은 다르다. 아무리 미운 사장이라도 회사를 떠날 때, 어떤 형태로든 인연을 아예 끊는 일은 피해야 한다.

좋은 관계를 유지하며 회사를 떠나야 하는 이유는 이렇다.

- 미래는 아무도 모른다. 앞으로 당신의 평판을 좋게 말해 줄 사람을 만든다.
- 혹시라도 전직 회사와 일할 기회가 있을 수 있다. 즉, 고객이 될 수도 있다는 말이다.
- 무례하게 회사를 떠나면 동료들에게 상처를 준다. 좋은 인상을 남기고 떠난다.
- 회사가 당신을 배려해 사직보다 해고 처리를 할 수 있다. 해고자에게 주어지는 혜택을 포기할 필요는 없다.

보다 현명한 방법은 사직서를 내기 전에 인사과 담당자와 의논하는 것이다. 회사를 떠나면서 해결해야 할 것들이 많다. 퇴직 연금이나 건강 보험, 기타 개인 연금 등에 관한 상담을 미리 하는 게 좋다.

공식적으로 통보한 후에는 품위 있고 예의 바르게 사람들을 대하는 것이 중요하다. 동료 중에는 질투하는 사람도 있음을 명심하고, 비아냥거리는 말을 기분 나쁘게 받아들이지 말아야 한다. 모든 회사 용품은 반납해야 한다. 나중에 연락할 기회가 꼭 생긴다. 동료의 개인 연락처도 받아 놓는 게 좋다.

파이어 이후

여정은 계속된다

마라톤을 하거나, 거대한 목표를 세우고 오랜 시간 열정을 쏟아 결국 이룬 적이 있는가? 큰 성취 후에는 어떤 일이 일어나는가? 에너지가 크게 변함을 느꼈을 것이다. 큰 성취는 새로운 추진력을 만든다.

조기 은퇴를 하면, 글자 그대로 일주일에 60시간 일하다가 갑자기 0시간으로 바뀐다.

나 역시 기이한 경험을 했다. 조기 은퇴 후 보낸 집에서의 첫 번째 몇 주가 기억에 남는다. 갑자기 하루하루가 너무 길어졌고, 첫 한 달 동안은 물 밖으로 나온 물고기처럼 답답하기까지 했다. 이상하게도 너무 많아진 자유가 나를 더 혼란스럽게 만들었다.

하지만 시간이 지나면서 새로 찾은 자유가 그 자체로 새로운 기회임을 깨달았다. 가장 소중한 자원인 시간을 되찾은 것이다. 그리고 새로운 목표를 갖게 되면 앞으로도 계속 성취감을 느낄 수 있음을 알았다.

파이어 이후에도 여정이 계속되는 이유는 세상이 여전히 당신의 위대한 재능을 발휘해 주기 원해서이다.

이제 파이어 달성으로 얻은 추진력에 올라타, 자신의 에너지를 새로운 목표로 향하게 한다면 무슨 일이 벌어질지 상상해 보자.

당신은 이미 남보다 유리한 출발점에 있다. 파이어를 달성한 거대한 승리에 뒤이어, 또 하나의 성공을 준비하는 것이다.

다음 섹션에서는 새로운 잠재적 목표에 관해 다룬다.

물론 돈이 부의 핵심 요소이기는 하지만, 그렇다고 유일한 목표는 아니다. 이제는 그것 말고 건강과 체력에 신경 쓸 필요가 있다. 건강하지 못하다면 돈이 무슨 소용이 있는가?

인간관계는 또 어떤가? 파이어 이후 넉넉해진 시간으로 충분히 개선할 수 있는 영역이다. 사랑하는 사람을 위해 돈을 쓸 수 없다면 그 또한 무슨 소용이 있는가?

비밀을 하나 말한다. 여정을 통해 성장하고 있을 때가 가장 행복하다. 파이어 여정을 달성했더라도 고여 있는 물이 되어서는 안 된다. 새로운 추진력의 물결을 타고 다음 단계의 삶에 활력을 불어넣자.

다시 한번 마음을 설레게 하자.

균형 찾기

파이어 삶은 멋지다. 또한 많은 이점이 있다.

파이어를 달성했다고 해서 삶이 갑자기 완벽해지는 것은 아니다. 삶은 여전히 삶이다. 좋은 날도 있고 나쁜 날도 있다. 좋은 날을 가장 알차게 활용하는 비결은 파이어 이후의 삶에서 균형을 찾는 것이다.

다음 연습에서 삶의 핵심 영역을 되짚어보며, 각 영역에서 자신이 살고 있는 삶의 질을 평가한다. 노력으로 개선할 수 있는 부분은 항상 존재한다.

삶의 각 영역에 대해 1에서 10까지 점수를 매긴다. 1은 '끔찍한'이고 10은 '탁월한'이다.

삶의 다양한 영역에서 균형과 성장을 이루는 일은 일부는 예술이고 일부는 기술이다. 파이어 이후의 삶이 아름다운 것은 자신에게 가장 중요한 일에 집중할 자유가 있고, 필요에 따라 다양한 영역으로 초점을 옮길 수 있어서다.

능숙하게 균형을 유지할 수 있어야 한다. 그것은 현재를 즐기는 동시에 새로운 목표와 열망으로 미래를 계획하는 통찰을 얻는 방법이다.

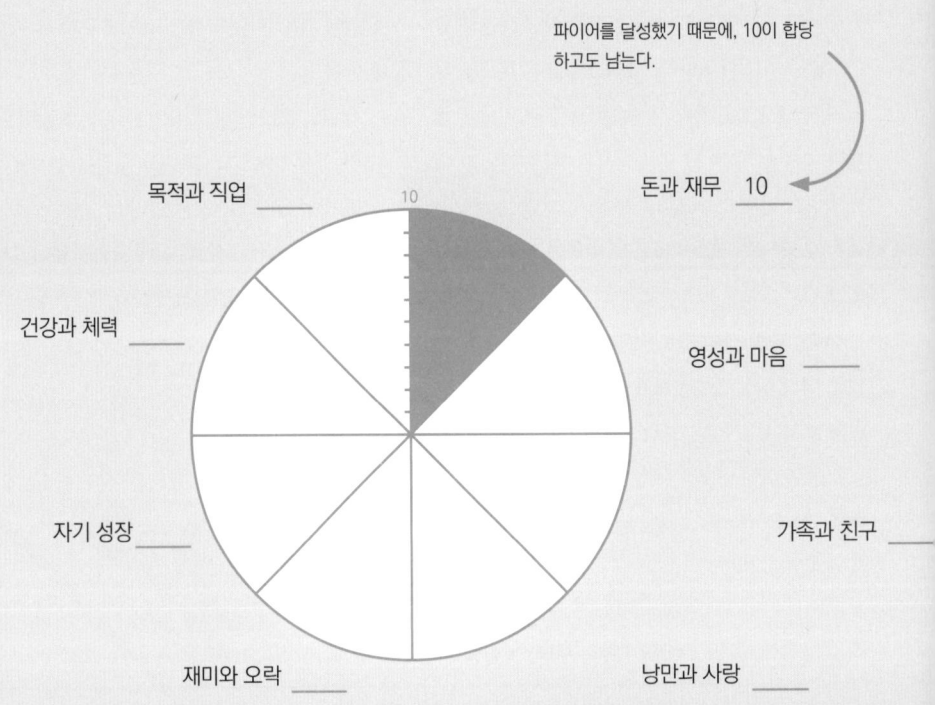

가장 소중한 자산, 시간을 알차게 활용하기

우리는 이미 시간이 가장 소중한 자산임을 안다. 당신은 파이어를 달성했다! 그럼에도 자신의 시간을 소중히 여기는 일은 여전히 중요하다. 파이어 이후라도 여기에 주목해야 한다. 시간을 확보하기 위해 그동안 열심히 일했다. 이제 그것을 귀하게 여기고 즐기자.

집중과 관심

이렇게 늘 계획을 세우는 것이 지나치다고 생각할 수 있다. 하지만 그렇지 않다.

다양한 외부 요인이 늘 우리의 관심과 집중력을 공격한다. 계획을 세워야, 다른 사람이 아닌 자신을 우선순위에 둘 수 있다.

자신의 시간을 보호하고 "아니요"라고 말한다

더 나은 투자자가 될수록 더 자주 거래 기회가 생긴다. 새로운 거래나 투자를 하자고 꼬드기는 사람들이 생긴다는 말이다. 기회라면 다행이지만 소음이라면 차단해야 한다.

다른 사람이 당신의 성공을 보고 조언이나 도움을 부탁할 수도 있다. 물론 부탁을 들어줄 수 있다. 하지만 여기에 쏟는 시간은 다른 것을 위해 쓰는 시간의 기회비용이라는 사실을 명심한다.

시간을 내달라고 조르는 방법은 이것 말고도 많다. 따라서 "아니요"라고 말하는 데 능숙해야 한다. 이는 소음을 차단하고 중요한 일에 집중하게 하는 1차 보호막이다.

효율성을 높이는 계획

일정을 잘 수립하면, 이는 친절한 친구가 된다. 물론 일정 수립에는 시간이 필요하다. 한 주를 미리 계획하고 각각의 새로운 목표에 대한 구체적인 실행 시간을 정하는 것이 좋다.

계획된 하루, 일주일, 한 달 또는 한 해는 계획되지 않은 그것보다 훨씬 더 생산적이다. 기술을 활용해 효율성을 높이고 중요한 활동을 빠뜨리지 않도록 한다.

휴식 시간 찾기

애써 얻은 경제적 자유를 즐기기 위해서는 휴식 시간을 확보해야 한다.

가장 좋아하는 취미는 무엇인가? 누구와 어울리는 것이 즐거운가? 이 두 가지를 결합하면 어떤가?

몇 달 또는 심지어 몇 년 앞서 가족 여행이나 휴가 계획을 세우는 것도 좋다.

타이머와 알람을 이용하기

스마트폰으로 시간을 관리하면 효율이 높아진다. 하지만 너무 많은 알람이 계속 울리면, 어떤 것에 집중해야 할지 구분하기 어렵다.

집중적인 알람 공세를 완화하려면, 가장 중요한 작업에만 휴대전화기의 알람과 타이머를 적용하는 것이 좋다.

성취와 재미를 위해 일하기

조기 은퇴가 세상에 걱정거리라곤 하나도 없이 빈둥거리는 게 전부라고 생각하기 쉽다. 그러나 그럴 필요가 없는데도, 어떤 형태로든 일을 다시 시작하는 조기 은퇴자가 많다.

대부분의 조기 은퇴자가 일에 복귀하는 것은, 일할 필요가 없는데도 일하는 것이 어쩔 수 없이 일해야 하는 것과 다르기 때문이다.

오직 재미와 성취만을 위해 일한다면 어떨까? 이제 파이어를 달성했으니 정확히 그렇게 할 수 있다.

파이어 이후에 일을 하면 오히려 더 행복해진다는 사실에 주목하자. 실제로 창조하고, 성장하고, 가치를 부여하는 일에 그 어느 때보다 마음이 끌리게 된다.

과거에 해 보지 못해 아쉬웠던 일이 있는가? 그것을 하거나, 그야말로 모험과 같은 일을 찾아 나설 기회가 눈앞에 왔다. 이제는 정말 일할 필요가 없다. 실제 해 보고 싶고, 할 수 있는 일을 상상해 보자.

- 선생님
- 코치
- 부동산 중개사
- 예술가
- 기업가
- 작가
- 멘토
- 무언가를 공부하는 학생
- 요리사
- 프리랜서
- 컨설턴트

더 이상 금전적으로 얽매일 필요가 없다. 무료 자원봉사를 하거나 적은 돈을 벌어도 괜찮다. 선택은 자기 몫이다.

다음은 은퇴 후에도 계속 일한 유명 인사들이다.

- ✓ 마이클 조던
- ✓ 매직 존슨
- ✓ 조지 포먼
- ✓ 마이클 펠프스
- ✓ 오드리 햅번

보너스 소득

호기심으로 마침내 바리스타형 파이어를 시도하는 조기 은퇴자가 많다. 재미있을 뿐만 아니라 기존의 파이어 비축금을 늘릴 수 있고 원금에 손댈 시기를 늦출 수도 있다.

잊지 말고, 세무 전문가와 상담하여 추가 소득이 세금에 끼치는 영향을 정확히 알아본다.

계절에 맞는 일

일 년 내내 일하는 것이 싫다면, 계절에 맞는 일을 하는 것도 대안이 된다. 추가 수입을 얻고 사람들과 접할 수 있으며, 계절이 끝난 후 시간을 유연하게 쓸 수 있는 유쾌한 방법이다.

겨울 또는 휴가철처럼 어쩌면 여행 기간에 수요가 많은 일이 있을 수 있다. 나 역시 여름에만 일하는 계절 아이스크림 가게를 열까 하고 나름 면밀하게 검토 중이다.

재미있게 지내고 고정관념에서 벗어나 새로운 사고 하기

창의력을 발휘하는 데서도 재미를 느낄 수 있다.

여러 가지 새로운 유형의 일을 시도하면 어떨까? 다양성에 매력을 느끼는 사람이라면 색다른 일을 몇 가지 시도해 볼 수 있다. 당신은 그렇게 할 여유가 있다.

친한 친구나 가족과 함께 일하는 것도 재미있지 않을까?

가족, 친구와 시간 보내기

파이어 이후 최고의 선물은 가족 혹은 사랑하는 사람과 양질의 시간을 보낼 자유다.

이제 일을 조금 하더라도 더 이상 돈 버는 것에 스트레스를 받지 않는다. 일을 둘러싼 과도한 스트레스도 없어, 가족 또는 친구들과의 관계가 원만해진다.

시간과 자유가 더 많아져서 사랑하는 사람들을 가장 편리한 시간에 만날 유연성이 생겼다. 마찬가지로 사람들에게 더 성의껏 베풀 수 있는 호사를 누릴 수 있다.

사람들은 당신의 말을 정확하게 기억하지 않는다. 하지만 당신을 어떻게 느꼈는지는 잊지 않는다. 이들에게 성의껏 베풀어라.

먼저 연락하기

세월이 흐르면서 연락이 끊긴 친구가 있는가? 먼저 연락하라. 아마 그들이 지금 당신보다 더 바쁘겠지만, 연락을 받으면 반가워할 것이다.

파이어 이후 돈독해진 관계로 삶을 풍요롭게 할 기회를 놓쳐서는 안 된다. 놀라운 일이 생기곤 한다.

오래된 상처를 치유하기

과거에 무척 가까웠지만 지금은 관계가 심하게 틀어진 사람이 있는가? 재미있는 일이지만 파이어 이후엔 주변의 많은 것에 감사의 마음을 갖게 된다. 지금이 오래된 상처를 치유할 시기다. 누가 잘못했는지가 정말 중요한가?

용서는 당신이 열 수 있는 또 다른 자유의 통로다.

솔직히 말하기

파이어는 당신에게 인생 최고의 순간을 제공했다.

아끼는 사람들에게 당신이 그들을 얼마나 소중하게 생각하는지 말한다.

인생은 짧다. 자신의 관계를 최대한 활용하면 늘 부자로 살 수 있다.

> "자신의 직업을
> 휴가로 만들어라."
> 마크 트웨인

시간 선물하기

시간을 내어 상대와 함께하는 사려 깊은 행동은, 돈으로 살 수 있는 어떤 물질적 선물보다 훨씬 더 값지다. 특별한 경험을 만드는 데 돈이 많이 드는 건 아니다.

다음은 관계를 돈독히 하는 데 도움이 될 아이디어다.

- 가족 캠핑 여행을 계획한다.
- 가족 모임을 만든다.
- 피크닉 날짜와 장소를 잡는다.
- 생일 선물로 영화 몽타주를 만들어 준다.
- 어린 자녀와 함께 책을 읽는다.
- 어린 자녀와 비디오 게임을 한다.
- 가족과 함께 노숙자 보호소에서 자원봉사를 한다.
- 예상치 못한 일로 부모님을 기쁘게 해 드린다.

할 수 있는 일은 무한하다!

아이디어만 있으면 할 수 있는 일은 많다. 소중하게 생각하는 활동을 적고, 행동하라.

파이어 이후 관계 돈독히 하기 워크시트

누가	어떻게·무엇을	언제

이제 행동하기 위한 일정을 잡는다! 시간은 바꿀 수 있다. 지금 생각나는 것을 일정표에 적는다.

건강하게 살기

파이어 이후는 건강과 체력에 집중하기 좋은 시기이다. 금전적 자유를 얻고도 건강 문제로 어려움을 겪는 일은 없어야 한다.

모든 질병과 질환을 예방할 수는 없겠지만, 이제는 건강에 집중할 시간을 확보할 수 있게 되었다.

운동하기
심장의 활력을 유지하고, 체력을 증진하면 장수에 도움이 될 뿐 아니라 행복해진다. 운동은 신체에 좋은 영향을 주는 호르몬 분비를 자극하여 건강에 도움을 준다. 엔도르핀 분비로 기분이 좋아지고 즐거워지며, 코르티솔과 아드레날린 수치를 줄여 스트레스를 낮춘다.

사람들이 일하는 시간에 당신은 운동을 한다. 한적한 운동 시설의 이용 혜택은 덤이다.

잘 먹기
파이어 이후에는 자신이 원하는 시간에 식사를 할 수 있다. 먹을 음식을 직접 준비하고, 건강에 해로운 '패스트푸드'를 피한다.

건강한 식습관을 지속적으로 유지하고 싶다면, 지지해 줄 동행자와 함께 오래된 습관을 고치는 것도 좋은 방법이다.

먹거리 직접 기르기
유기농 식단이 가공식품보다 건강에 이롭다는 것은 잘 알려진 사실이다. 유기농 재배 식품은 농약 성분이 적고 환경에도 이롭다. 하지만 비싸다. 직접 길러 먹는다면 경제적 부담을 줄이고 유해 화학 물질의 영향에서 벗어날 수 있다. 육식을 한다면, 가축을 직접 키울 수도 있다.

활동과 재미
운동이나 계획적인 식단 조절이 귀찮게 느껴질 수도 있다. 파이어 여정처럼, 장기적 보상을 얻기 위해서는 엄격한 자기 관리가 필요하기 때문이다. 친구 혹은 가족과 함께 좋아하는 스포츠를 하는 등 재미를 느낄 방법을 생각한다. 경쟁을 즐기는 사람이라면, 스포츠 활동을 운동 루틴의 하나로 삼을 수 있다.

명상
마음을 고요하게 가라앉히는 시간을 갖는다. 이제는 시간과 달력의 주인이 바로 자신이다. 명상과 같은 긍정적 습관을 삶의 일부로 만드는 것이 좋다. 명상은 생각을 집중하는 데 도움이 되고, 혈압 감소와 수면 개선 같은 추가적인 건강상의 이점을 제공하기도 한다. 명상의 요소를 신체 운동과 결합하고 싶다면 요가를 하는 것이 좋다.

재산을 유산으로 남기기

살아있는 동안 자기 돈으로 좋은 일을 많이 할 수 있다. 반가운 사실은 세상을 떠날 때 자신의 돈으로 훨씬 더 긍정적인 일을 할 수 있다는 것이다. 유언장, 신탁과 같은 수단을 이용해 정확히 자신이 원하는 대로 자산을 관리하게 할 수 있다.

죽어서 돈을 가져가는 사람은 없다. 자신의 재산을 유산으로 남기는 일은 파이어 여정에서 중요한 마지막 단계다. 이 책을 읽는 독자라면 이미 파이어에 도달하기 전에 이를 고려해야 한다. 하지만 사람들은 대부분 인생 후반에 이르러서야 이런 계획을 생각한다.

자신의 파이어 생활과 관련해 지금 그 문제를 다루는 것이 중요하다.

자신의 돈보다 오래 살 계획

자신이 갖고 있는 돈보다 더 오래 사는 게 가능할까? 무슨 일이든 일어날 수 있지만 은퇴 생활 내내, 심지어 그 이후에도 파이어 비축금이 무럭무럭 자라도록 보수적인 조치를 했다고 가정하자.

따라서 사랑하는 사람, 친구, 그리고 당신이 열렬히 지지하는 자선 단체에 돈을 물려줄 만큼 큰 자산을 축적할 가능성이 크다.

결국 어떻게 기억되고 싶은가? 누구를 돕고 싶은가?

돈은 도구이지만 누구나 그 사용법을 아는 건 아니다. 자신의 부를 누구에게 어떻게 남길 것인지 숙고해야 한다. 상속인은 과연 자산 관리를 책임질 준비가 되어 있는가?

돈을 남겼을 때 어떤 결과가 생길 것인가?

의도를 살리는 사려 깊은 행동

유산에는 "고기 잡는 법을 가르치는 것"도 포함될 수 있다. 유산을 금전적 형태로 증여하는 것이 가장 쉽다. 하지만, 좋은 의도에도 불구하고 때로는 큰 유산이 사람의 타고난 성공 욕구를 저해하는 경우가 있다.

아내와 나는 아이들의 대학 교육비를 졸업할 때까지 대준다는 계획을 갖고 있었다. 그러나 최근 마음을 바꿨다. 때로는 생존 본능을 이용해 성장할 수 있는 환경을 조성할 필요가 있다. 우리는 아이들의 교육비를 보태줄 의향은 있으나, 아이들도 일부를 부담함으로써 어느 정도 자기 삶의 소유권을 갖게 하고 싶었다.

무엇을 유산으로 남길 것인가?

파이어 이후엔 시간적 여유가 있다. 그래서 유산과 관련된 계획을 세울 때, 세부 사항을 빠짐없이 신중하게 다룰 수 있다.

자신의 돈이 가장 큰 영향을 미치는 곳은 어디인지 생각해 보자. 자신이 세상에 없을 때 도움을 주고 싶은 사람이나 조직이 있는가? 유산을 남길 때는 자신의 가치관과 일치하고 최대한 기여한다는 느낌으로 해야 한다.

재산을 물려줄 계획

파이어에 따라붙는 놀라운 기회는 조기 은퇴 후에도 자산을 계속 불릴 수 있다는 점이다. 은퇴하면서 시장이 강세장으로 바뀌거나 부업을 선택하면 이런 일이 자연스럽게 일어난다. 둘 중 어느 쪽이든 생전에 필요한 것보다 더 많은 자산을 갖게 될 가능성이 생긴다.

자녀나 부양가족이 있는 사람은 상속 계획을 이미 시작했을 것이다. 그렇지 않았다면 지금이 시작하기 가장 좋은 시기다. 이미 큰 자산 기반을 구축했으니 특히 그렇다. 만약 그것을 대대로 물려주기로 결심한다면, 이는 위대한 유산으로 남을 것이다.

다음은 미래 세대에 부를 물려주는 방법이다.

지정 수취인

투자 계좌를 만들 때 수취인을 누구로 할 것이냐는 질문을 받는다. 이는 그저 당신이 사망한 경우 계좌 수익금을 받는 사람을 지정하는 방법이다. 예를 들어, 배우자나 자녀 또는 다른 사랑하는 사람을 지명할 수 있다. 모두 한 사람에게 갈 수도 있고, 여러 상속인에게 분할 지급될 수도 있다. 원한다면 수탁자를 지정해 신탁할 수도 있다.

유언

유언장은 사망했을 때 재산이 어떻게 분배되는지에 대한 계획을 표현하는 문서다. 이를 통해 자산이 어디로 가는지에 대한 최종 결정권이 생긴다. 유언장이 없으면 법원이 관련 절차에 따라 결정한다.

취소 가능 신탁

이는 지시에 따라 자산을 상속인에게 이전할 수 있다는 점에서 유언장과 유사하다. 또한 생성 즉시 효력이 발동하는 장점이 있고, 상속인이 유언 검인을 완전히 피하고 당신이 죽은 후에도 자산을 비공개로 유지할 수 있다. 유언장과 신탁을 둘 다 가질 수 있는데, 이는 각각의 효과가 다르기 때문에 가능하다. 예를 들어, 유언장은 미성년자를 위한 후견인을 지정할 수 있으나 신탁은 그렇게 할 수 없다.

생명 보험

사망했을 때 지정된 수혜자에게 보험금을 지급한다. 때 이른 사망이 가족에게 미치는 위험을 완화하기 위해 이러한 유형의 보험을 고려할 수 있다. 정기 생명 보험은 자신이 일하고 있는 동안 가족의 비극에 대비하는 방법이다. 그러나 파이어 이후에도 생명 보험은 재산을 물려주는 전반적인 계획에서 중요한 역할을 한다.

자격이 있는 변호사, 세무 전문가 등과 상의하여 가능한 한 최선의 방식으로 상속 계획을 마련할 필요가 있다.

돈, 그 이외의 영역

돈에 대한 압박이 사라진 파이어 이후의 삶에서는, 후한 보상과 관련 없는 영역에 자유로이 참여할 자유가 주어진다. 나는 개인적으로 삶의 균형을 맞출 목적으로 '창의력 발현'을 통해 안식처를 찾았다.

글쓰기

파이어 이후에는 글을 쓸 시간이 많다. 블로그를 개설해 자신의 생각과 아이디어를 공유하거나, 다른 블로그를 보며 댓글을 달 수도 있다. 파이어를 달성한 경험담으로 사람들에게 영감을 줄 수 있고, 자신의 과정을 공개함으로써 카타르시스를 느끼는 동시에 미덕을 베풀 수 있다.

글쓰기를 온라인에만 한정할 필요는 없다. 책을 쓰고 싶었던 적이 있는가? 재무와 전혀 무관한 것이어도 괜찮다. 어쩌면 공유하고 싶은 특정 분야의 전문 지식이 있을 수 있다. 아니면 어느 인물 이야기를 소설로 쓰고 싶을 수도 있다. 지금보다 더 자유롭게 쓸 기회는 없다!

예술

예술은 주관적이고, 생계를 유지하기 힘든 분야다. 그러나 파이어 이후의 삶에서는 예술의 세계를 마음껏 탐색할 자유가 주어진다. 페인팅, 스케치, 3D, 조각, 심지어 디지털 아트까지 다양한 유형의 예술을 시도해 보자. 할 수 있는 게 많다. 온라인에서는 온갖 교육 영상물을 무료로 이용할 수 있다.

연기나 스탠드업 코미디는 어떤가? 지금껏 한 번도 생각해 본 적 없는 관심사를 탐색할 기회가 눈앞에 있다. 말하기 능력을 개선하는가 하면, 자신의 다른 면을 탐구할 수도 있다. 차기 아카데미상 수상자가 되지는 못하더라도, 자신감이 생긴다.

코칭과 강의

성취감을 높이는 활동으로 코치나 선생님이 되는 것은 어떨까? 다른 사람을 가르칠 수 있는 콘텐츠가 있는가? 다른 사람에게는 어려우나 당신에게는 쉬운 것이 있는가?

코칭과 강의는 자신의 뛰어난 부분을 공유하는 일이다. 누군가의 두 눈이 반짝이는 걸 보면 경이롭다는 생각이 든다. 바로 내가 책을 쓴 이유다. 삶을 바꿀 수 있는 파이어 지식의 씨앗을 나누고 싶었다.

다른 사람을 가르치는 과정에서 자신도 발전한다. 모두에게 이익이다.

자원봉사

수많은 조직과 단체가 당신의 에너지를 필요로 한다. 사람들의 도움 없이는 누구도 생존할 수 없다. 어떤 전화를 받았는가? 항상 참여하고 싶었던 자원봉사로 어떤 것이 있는가?

요즘 자원봉사는 온라인으로도 가능하다. 직접 몸으로 참여하든 온라인으로 하든, 다른 사람에게 가치를 선사하는 일에 일조하고, 자신의 가장 소중한 자원인 시간을 나누며 큰 영향력을 행사할 수 있다.

선행 나누기

파이어 달성은 놀라운 성취이고 선물이다. 이제 당신은 월급에 구애받지 않고 실질적 자유를 찾은 몇 안 되는 사람이 되었다. 이는 곧 대부분의 사람이 늘 꿈꾸기만 할 뿐 이루지 못하는 풍요와 부를 가졌다는 말이다.

당신의 여정에 내가 미약하나마 함께할 수 있어 기쁘다. 당신이 이 책에서 단 하나의 훌륭한 아이디어라도 발견했다면 한 가지 부탁을 하고 싶다. 그 아이디어를 다른 사람과 나누는 것이다.

모든 사람이 선행을 한다면 세상이 얼마나 멋지게 바뀌겠는가?

나는 가족, 친구, 심지어 낯선 사람의 도움과 베풂이 없었다면 결코 이 지점에 도달하지 못했을 것이다.

파이어에 관해 들어본 적이 없는 사람들에게 파이어 개념을 알려주는 데는 오랜 시간이 필요한 게 아니다. 파이어 꿈을 실현하기 위해 품었던 열정을 다른 사람에게 심어 보자.

불운한 사람들에게 자립할 수 있도록 돕겠다고 제안하자. 잠재력을 실현하기 위해 최선을 다해 노력하라고 격려하자. 그것은 우리가 모두 직면하고 있는 내면의 여정이다.

끝은 바로 시작이다

당신이 파이어 여정을 시작했을 때, 아마 끝이 보이지 않는다고 생각했을 것이다. 그리고 마침내 그 목표를 달성했을 때, 이것이 새로운 성장과 확장의 시작이라는 사실을 깨달았을 것이다.

파이어가 확산하면서, 그것을 추구하는 용기 있는 사람들이 새로운 길을 찾아 나서고 있다. 이들을 응원하기 바란다. 세상은 당신의 리더십, 당신의 열정 그리고 당신의 파이어를 필요로 한다.

또한 당신의 시간을 투자한 것에 감사드린다. 당신은 정말로 비범한 사람이다. 언젠가 곧 당신만의 파이어 이야기를 듣고 싶다.

> "성공이란 하고 싶은 일을 원할 때, 원하는 곳에서, 원하는 사람과, 원하는 만큼 하는 것이다."
> 토니 로빈스

이 책이 도움이 되었다면 다른 사람과 공유하길 바란다. 당신이 다른 사람에게 어떤 파급 효과를 미칠지는 절대 알 수 없다.

늘 행복을 기원한다.

용어 해설

강세장(Bull market): 긍정, 낙관, 성장이 특징이다. 시장이 이전 가치보다 20% 이상 상승해 있는 국면을 가리키는 용어이다.

경기 후퇴(Recession): 국내총생산(GDP)이 감소하고 실업률이 증가하는 경기 위축기(일반적으로 최소 2분기).

경제적 자립(Financial independence, FI): 수동 소득이 생활비와 같거나 초과하여 더 이상 근로 소득에 의존하지 않는 상태.

극단적 저축(Extreme Savings): 가계 소득의 70% 이상을 저축하는 것.

기업가(Entrepreneur): 새로운 사업을 시작하여 그 위험을 감수하는 사람.

능동 소득/근로 소득(Active/Earned Income): 활동적인 일(예: 직업, 운영하는 사업)에서 들어오는 돈.

매입 원가 평균법(dollar cost averaging): 주식의 가격이 너무 높거나 너무 낮더라도 걱정하지 않고 적당한 간격을 두고 주기적으로 주식에 투자하는 전략.

바리스타형 파이어(BaristaFIRE): 이미 경제적 자립을 달성했는데도 추가 수입이나 혜택을 이용하기 위해 시간제로 일하는 파이어의 한 유형이다. 이것의 한 변형으로는 한 배우자가 은퇴하고 다른 배우자가 계속 일하는 경우가 있다(필요가 아니라 선택에 의해).

복리(Compound interest): 최초 잔액을 기반으로 발생한 이자로서 이전 기간들의 누적 이자도 포함한다.

복원(Rehab): 수익을 위해 부동산을 복원 또는 복구하는 과정을 지칭하는 부동산 투자 용어.

부동산 투자(Real estate investing): 수익을 목적으로 부동산을 매수, 매도, 관리, 임대하거나 관련 활동을 하는 과정.

부채(Liabilities): 금전상의 의무(예: 빚).

비용 절감을 위한 이주(Geoarbitrage): 삶의 질에 영향을 받지 않으면서 다른 지리적 위치에서 더 낮은 생활비의 이점을 활용하는 것.

사내 기업가(Intrapreneur): 사내 프로젝트 또는 아이디어를 개발하거나 지지하는 직원.

수동 소득(Passive income): 활동적인 일을 하지 않고 받는 돈(예: 배당금, 로열티, 임대 소득, 특정 유형의 사업 소득).

수동적 주식 투자(Passive stock market investing): 광범위한 저비용 인덱스 펀드로 주식 시장에 투자하고 장기간 보유하는 것.

수탁자(Fiduciary): 법률 행위나 각종 사무의 처리를 위임받은 사람이나 조직.

순자산(Net worth): 자산에서 부채를 뺀 것.

약세장(Bear market): 후퇴, 비관, 위축이 특징이다. 시장이 이전 가치보다 20% 이상의 폭으로 하락해 있는 국면을 가리키는 용어이다.

인덱스 펀드(Index fund): 특정 주가지수와 일치하거나 그것을 추적하는 뮤추얼 펀드 또는 ETF(상장지수펀드).

인플레이션(Inflation): 전반적인 물가 상승과 구매력 약화.

자산 배분(Asset allocation): 자산이 투자의 다양한 부문이나 유형에 걸쳐 분배되는 방식.

자산(Assets): 가치가 있는 것들.

주식 시장(Stock market): 상장 기업의 주식이 거래되는 거래소들(예: NYSE, NASDAQ, LSE, TSE)의 집합.

초인플레이션(Hyperinflation): 통화 가치의 하락으로 이어지는 급격한 인플레이션.

파이어 금액/비축금(FIRE number/Nest egg): 연간 비용의 25배; 은퇴 생활비를 인출할 은퇴 원금.

파이어(FIRE): 경제적 자립, 조기 은퇴(Financial Independence, Retire Early)의 약자.

현금흐름-월별(Cash flow-monthly): 월별 소득에서 월별 비용을 제외한 금액.

옮긴이의 글

저자는 독자의 손을 잡고 함께 걷는다

오늘날 화려한 물질문명의 한가운데서 생존을 위해 숨 가쁘게 살아가거나 돈 때문에 고통을 겪는 사람이라면 하루에도 몇 번이고 경제적 자유를 갈망할 것이다. 독자의 다수가 바로 이런 이유에서 이 책을 선택했을 것이다. 이 책은 이토록 간절한 꿈을 실현할 방법을 단계별로 친절히 안내하는 파이어FIRE(경제적 자립과 조기 은퇴) 입문서이다.

  이 책은 여타의 파이어 입문서와는 다른 특징과 장점을 지닌다. 우선 성장을 가로막는 신념을 북돋우는 신념으로 바꿀 수 있게 돕는다는 점에서 책의 유용성과 차별성이 돋보인다. 파이어를 향한 여정을 시작하기에 앞서 올바른 마음가짐과 가치관부터 준비하게 하는 것이다. 물론 이 책도 이 분야의 다른 책처럼 파이어의 목표 설정, 여정 설계, 달성 방법 등 필요한 사항을 골고루 다루고 있으나, 저자가 직접 독자를 마주하고 대화하듯 안내하는 점이 특별하다. 독자가 펜으로 적어가며 자신을 성찰하고 파이어를 설계하는 '워크시트'를 비롯해, 파이어 달성의 감동적인 본보기에서 배우는 '사례 연구', 그리고 갖가지 유용한 방도와 알찬 정보가 담긴 '파이어 팁'과 '알고 있었나'의 네 가지 메뉴를 통해 저자는 독자의 손을 잡고 함께 걷는다. 게다가 소득 수준에 따라 여러 유형의 파이어를 제시해 누구든 자신만의 파이어를 추구할 수 있는 길을 열어준다. 이를테면, 소득이 낮으나 근검절약하는 사람이라면, 파이어의 목표 금액을 그만큼 낮추고, 극단적 저축과 투자로 필요한 자산을 모을 수 있는 것이다.

  저자의 파이어 개념은 흥청망청하는 물질주의와 소비주의의 반대편에 있다. 단순히 마음껏 소비하고 즐기는 데 의미를 부여하지 않는다. 오히려 간소하고 건강한 삶, 파이어 여정에서 자기 성장을 이루는 삶, 파이어의 자유를 마음껏 알차게 누리는 삶, 사랑하는 이들과 함께하는 정다운 삶, 그리고 사회와 이웃에 봉사하고 베푸는 삶 등 그야말로 건전한 삶을 지향한다. 게다가, 의미 있게 삶을 마감하고 떠나는 방법까지 소개한다. 물질적 향락보다 행복한 삶에 궁극의 가치를 두는 저자의 철학이 책 곳곳에 배어 있어 독자의 마음에 따뜻한 온기와 설레는 희망을 불어넣을 것이다. 또한, 파이어의 꿈 가득한 연둣빛 봄 언덕에 여기저기 피어난 어여쁜 꽃처럼, 책 곳곳에 저자와 명사들의 명구가 향기로운 지혜와 영감을 선사한다.

  파이어 입문서로서 이처럼 좋은 책은 흔치 않을 것이다. 그러나 파이어의 모든 것을 이 기본서 하나에 담는 것은 불가능했을 것이다. 그래서 독자가 이 책을 완독한 후 어떻게 공부하고 투자해야 할지에 대해 외람됨을 무릅쓰고 몇 가지 도움말을 드리고 싶다.

이 책에서 다루지 못한 지식은 다른 책과 조언자에게서 구해야 한다. 파이어에 필요한 부를 쌓는 세 가지 주요 방법, 즉 부동산 투자, 사업, 주식 투자는 하나같이 넓고 전문적인 분야라서 충실한 학습과 체험이 필요하다.

세 가지 방법 중 상대적으로 보편적이고 안전한 것은 부동산 투자다. 하지만, 부동산에도 다양한 분야가 존재하고 익혀야 할 전문 지식 또한 적지 않다. 좋은 책과 유익한 온라인 카페 또는 믿을만한 전문가의 학원 강의 등을 통해 충분한 내공을 기른다면 자신감 있게 좋은 투자를 할 수 있을 것이다. 알다시피, 부동산은 첫째도 둘째도 셋째도 입지가 중요하므로, 관련 공부가 꼭 필요하다. 달이 차면 기울듯, 부동산 시장도 중장기적으로 큰 사이클을 그리며 변동하므로, 이를 통찰할 혜안을 길러야 한다. 직전의 부동산 호황기가 시작될 무렵 과감한 투자를 실행해 그 가치가 크게 불었으나, 매도 시점을 놓쳐 지금은 월 수백, 수천만 원의 이자를 부담하는 투자자가 적지 않다. 충실한 지식과 꼼꼼한 현장 조사, 현명한 투자가 필수다. 그러나 절실한 마음으로 꾸준히 공부하고 최선의 노력을 기울인다면, 후한 보상을 얻게 되어 있다. 미국만이 아니라 우리나라도 가장 많은 부자를 배출한 분야가 바로 부동산 투자이며 누구에게든 주변에 성공한 투자자가 존재할 것이다.

주식 투자는 고수익 고위험 투자로 알려져 있다. 다행히 저자는 이런 위험과 수고를 줄일 투자법을 권한다. 하지만 한국 주식 시장은 흔히 '광산의 카나리아'라고 불릴 만큼 세계 경제의 움직임에 유달리 민감하며 일반 투자자의 수익률은 지나치게 저조하다. 그래서 미국 주식 시장에 투자하는 것이 안전성과 수익성 면에서 훨씬 유리할 수 있다. 미국이야말로 최첨단 분야의 유망 신생기업이 우후죽순 생겨나고 초우량 빅테크 기업이 눈부신 성장을 구가하는 번영된 나라로서, 전 세계 투자자본이 몰려들기 때문이다. 이른바 '서학 개미'가 미국 증시에 대거 투자하는 것도 이런 배경에서다.

저자의 말대로, 파이어를 성취한 사람은 우리 주변에 의외로 많다. 눈에 보이지 않을 뿐, 파이어가 주는 자유롭고 만족스러운 삶을 향유하고 있다. 근검절약하며 꾸준히 공부하고 기본에 충실한 투자를 한다면, 독자 여러분도 똑같이 해낼 수 있다. 이 책이 파이어 여정 내내 믿음직한 안내자가 되어 줄 것이다.

찾아보기

25 규칙 *66–68*, *90*
4% 규칙 *66–67*, *174*
72 규칙 *77*
CPI(소비자 물가 지수) *51*
FTSE 100 지수 *28*
S&P 500 지수 *28-29*
SMART 목표 *145-146*
가치 더하기 *127*, *130*
가치관 알아보기 연습 *141-144*
감정, 투자자의 감정 사이클 *101*, *102*
감정적 구매 *85*
강세장 *29*, *30*, *172*
건강하게 살기 *181*
결과 *145*, *147*, *160-161*
결과 측정하기 *45*
경제 시장의 이해 *28-29*
경제적 자립 가속 수단 *56*, *75*, *96*
경제적 자립(FI) *12*, *13*, *68*
경제적 자립에 집중하기 *74-75*
계산기, 온라인 계산기 *62*
계절에 맞는 일 *179*
계획 세우기, 예상치 못한 상황에 대비한 계획 세우기 *30*, *172*
계획적인 지출 *84-85*
고통의 회피 *78*
곰곰이 생각하고 되새기기 *166-167*
공개적 언약 *78*
공공요금 *89-90*
과잉 지출 잘라내기 *83*
관계 돈독히 하기 워크시트 *180*
교습/가르침 *184*
교통 비용 *70*, *89*, *90*
구글 *64*, *127*
구매, 감정적 구매 *85*
구체적인 결과 *145*, *147*
균형 찾기 *178*
극단적 저축 *75*, *92-96*

글쓰기 *184*
금본위제 *51*
긍정적인 사람들 *41*
기술 이용하기 *62-65*
기업가 정신/기업가 활동 *75*, *96*, *120-125*
기여/기부 *21*
긱 이코노미 *120*
나스닥 종합지수 *28*
능동 소득 *12*, *56*
다우 지수 *28*
대출 *52*, *99*
대표 화폐 *51*
돈에 대한 신념 *34-43*, *74-75*
돈의 움직임 *51*
돔(Gen Y Finance Guy) *25*, *157*
딕크(아이가 있는 맞벌이 소득) *22*
딩크(아이가 없는 맞벌이 소득) *22*
마이크로소프트 엑셀 스프레드시트 *64*
만족 *78*, *82*
매입 원가 평균법(DCA) *29*, *100*
명상 *181*
미래의 가족 *68*
바리스타형 파이어 *16*, *26*, *133*, *178*
뱅가드 그룹 *100*
버킷 리스트 *166*
법정 통화 *51*
보글, 존 C. *100*
보너스 소득 *178*
보수, 자신의 가치에 합당한 보수 받기 *130-131*
보조금 *99*
보험으로 위험 관리 *132-133*
보험의 유형 *133*, *183*
복리 *76-77*, *161*
부동산 투자 *75*, *96*, *108-119*
부업 *122-26*
부유형 파이어 *16-17*, *68*
부자 되는 방법 *96*

부채 *48-49*, *60*
부채, 빚 *48-49*, *52-55*, *92*, *99*, *117*
분석 마비 *27*
비상 자금 *30*
비용 *48-49*, *58-59*, *68*
비용 절감을 위한 이주 *88-90*
사고방식, 돈에 대한 사고방식 *34-43*
사내 기업가 활동 *127-29*
사례 연구 *23-26*, *90*, *116*, *126*, *157*
사업상 책임 *121*
삼중 세금 혜택 *98*
서비스 기반 사업 *122*
성장을 북돋우는 돈에 대한 믿음 *38*, *44*, *74-75*
성장을 제한하는 돈에 대한 믿음 *36*, *40-41*
세금 *89*, *98-99*
소규모 사업체 *99*, *122*
소득 *12*, *48-49*, *86*, *89*
소득 가속화 *86*
소득원 *56-57*, *93*
소비주의 *52-53*, *80*
수동 소득 *12*, *48*, *56*, *66*, *116*
수동적 주식 시장 투자 *100-101*
수동적 투자자 *114*
수완 *30*
수취인, 지정 수취인 *183*
수탁자 *103*, *148-149*
순자산 *60-61*
쉬뢰더-가드너, 미셸 *24*, *126*
스프레드시트 소프트웨어 엑셀/구글 *64*
습관 만들기 *78-79*
시간 알차게 활용하기 *177*
시간 추적 앱 *63*
시간제 일 *169*
시장 사이클의 이해 *28-29*
시크(아이가 있는 단일 소득) *22*
식비, 음식 비용 *70*, *89*, *90*, *183*
신디케이션, 부동산 신디케이션 *109*, *114-116*
신용 점수 *48-49*
신용카드 *53*

신탁, 취소 가능 신탁 *185*
싱크(아이가 없는 단일 소득) *22*
안전장치-수익률 순서 *172-173*
알뜰형 파이어 *16-17*, *68*
애더니, 피트 *23*, *82*
약세장 *29*, *172*
양도소득세 *99*
연간 수익률 *29*
영수증 *62*
예산 수치 *64*
예술 *184*
운동 *181*
원하는 결과 달성하기 *145*, *160-161*
원하는 결과에 도달하는 기한 정하기 *145*
월급 인상 분을 이용한 부의 증식 *94-95*
유언장 *183*
은행권 *51*
의료 비용 *70*, *89*
이사/이주 *88-89*
이정표를 도표로 그리기 *152-154*
인덱스 펀드 *100*, *102-103*
인터넷의 등장 *14*
인플레이션 *51*
일기 쓰기 *41*
임의적 소비 *70*
자금조달/융자 계획 *52*
자기 방해의 위험 완화 *103*
자기 성장 *20*
자산 *48-49*, *60*
자산 배분 *48-49*, *102-3*
자신의 숫자 알기 *48-49*, *64-65*
자원봉사 *184*
잘 먹기 *181*
재무 현황 *48-49*
재무관리 소프트웨어 *65*
재무제표 *62*
재산을 물려줄 계획 *183*
재산을 유산으로 남기기 *182*
재조정 *102-103*

191

저축, 가장 먼저 자신에게 지불하는 행위 80
저축/절약 62, 80-81, 86, 98
저축률 48-49
절세 아이디어 99
전문가의 도움 148-149
제품 판매 121-22
젠슨, 칼 26, 111
조기 은퇴 12, 13, 168-171
조정된 결과 145
조정하기 158-159
주식 시장 28-30, 100-101
주택 비용 70, 89, 90, 110
지수(index), 주식시장 지수 28-30
지출, 은퇴 지출 68
지출, 계획적 지출 84-85
지표 추적하기 62, 64-65
지표, 핵심 지표 48-49
창의력으로 가치 창출하기 86, 88, 118-119
창의적 활동, 돈을 넘어선 창의적 활동 184
청구서 62
초인플레이션 51
추가 소득 워크시트 87
측정 가능한 성과 145
코로나-19 30
코칭과 강의 41
통화 51
통화 제도 51
퇴직, 직장 그만두기 174
투자 48, 62, 96-97
투자 수익률 48
투자, 극단적 투자 75
투자, 자신에게 투자하기 97
투자, 자신의 시간을 투자하기 97
투자 지침 103-106
트레블 리워드 53
파이어 계획 요약 162
파이어 금액(비축금) 68, 70-71
파이어 달성 22

파이어 공식 66-67
파이어 비전 보드 138-40, 167
파이어 이후 177-185
파이어 이후에도 계속 일하기 169-170, 178-179
파이어 전략 150-151
파이어를 추구해야 하는 이유 18-19
파이어를 향한 여정 시작하기 27, 136
파이어 운동 14-15
파이어의 공통적 특성 15
파이어의 유형들 16-17
파트너 팀(GP) 114-115
페리스, 팀, 주4시간 근무 88
평가 158
표준형 파이어 16-17
하우스 해킹 26, 109, 110-11
하이너, 더스틴 24, 113, 116
행동 조정하기 44
행동하기 44, 155-56
현금흐름 56
현금흐름 부동산 109, 112-113
협상 130
홈스쿨링 90
활동과 재미 181
화폐의 변동 51
환원 21
효용 84
효율적 확장 121